Chicos Chicas

Libro del profesor
nivel 1

MUESTRA GRATUITA

Mª Ángeles Palomino

edelsa
GRUPO DIDASCALIA, S.A.
Plaza Ciudad de Salta, 3 - 28043 MADRID - (ESPAÑA)
TEL.: (34) 914.165.511 - (34) 915.106.710
FAX: (34) 914.165.411
e-mail: edelsa@edelsa.es - www.edelsa.es

Primera edición: 2002
Primera reimpresión: 2004
Segunda reimpresión: 2005
Tercera reimpresión: 2006
Cuarta reimpresión: 2007
Quinta reimpresión: 2007
Sexta reimpresión: 2007
Séptima reimpresión: 2008

Autora: Mª Ángeles Palomino.

Dirección y coordinación editorial: Departamento de Edición de Edelsa.
Diseño de cubierta, maquetación y fotocomposición: Departamento de Imagen de Edelsa.

Imprenta: Peñalara.

ISBN: 978-84-7711-771-1
Depósito legal: M-12533-2008
Impreso en España
Printed in Spain

Fuentes, créditos y agradecimientos

Ilustraciones:
Ángeles Peinador Arbiza.

Fotografías:
Archivo y Departamento de Imagen de Edelsa.
Author´s Image.
Daniel García Jiménez.
Flat Earth.

Notas:

- La editorial Edelsa ha solicitado los permisos de reproducción correspondientes y da las gracias a quienes han prestado su colaboración.

¡Bienvenid@ a Chicos/Chicas!

¿Qué es Chicos, Chicas?

Es un curso de Español Lengua Extranjera en cuatro niveles dirigido a jóvenes adolescentes de 11 a 15 años. Su metodología y sus contenidos cubren las exigencias expresadas en el Marco Común Europeo de Referencia.

• Está centrado en el entorno y las experiencias de los adolescentes: la vida escolar, la familia, los amigos, los animales, el tiempo libre, el deporte, la naturaleza, las vacaciones...

• Los elementos lingüísticos (estructuras, gramática, léxico) se presentan siempre en situaciones contextualizadas y de interés para los alumnos.

• Ofrece una amplia variedad de actividades motivadoras que permitirán a los alumnos comunicarse en situaciones reales de la vida cotidiana: presentarse, expresar gustos, exponer puntos de vista, redactar escritos sencillos...

libro del profesor

El libro del alumno

Consta de una unidad introductoria y de 8 unidades temáticas divididas en las siguientes secciones:

Auditivo para la introducción de las estructuras y del vocabulario.

Presentación de aspectos socioculturales.

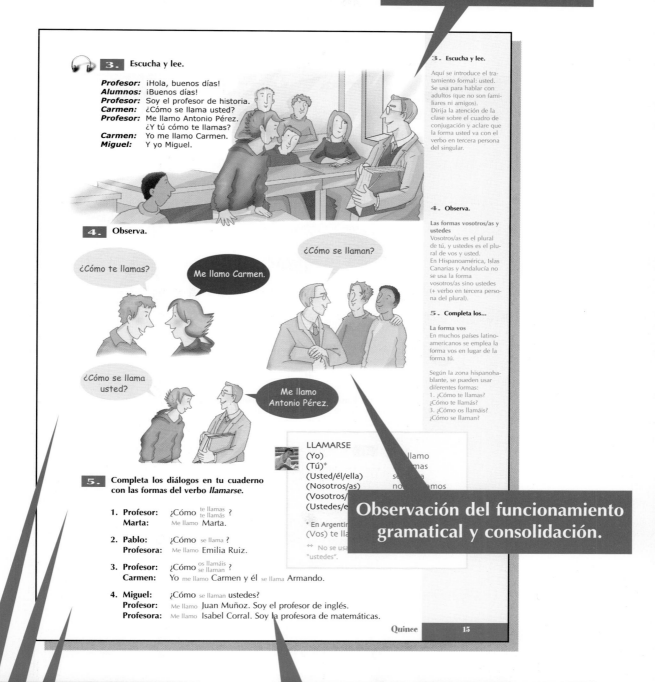

3. Escucha y lee.

Profesor: ¡Hola, buenos días!
Alumnos: ¡Buenos días!
Profesor: Soy el profesor de historia.
Carmen: ¿Cómo se llama usted?
Profesor: Me llamo Antonio Pérez.
¿Y tú cómo te llamas?
Carmen: Yo me llamo Carmen.
Miguel: Y yo Miguel.

3. Escucha y lee.

Aquí se introduce el tratamiento formal: usted. Se usa para hablar con adultos (que no son familiares ni amigos).
Dirija la atención de la clase sobre el cuadro de conjugación y aclare que la forma usted va con el verbo en tercera persona del singular.

4. Observa.

¿Cómo te llamas?

Me llamo Carmen.

¿Cómo se llaman?

¿Cómo se llama usted?

Me llamo Antonio Pérez.

4. Observa.

Las formas vosotros/as y ustedes
Vosotros/as es el plural de tú, y ustedes es el plural de vos y usted.
En Hispanoamérica, Islas Canarias y Andalucía no se usa la forma vosotros/as sino ustedes (+ verbo en tercera persona del plural).

5. Completa los...

La forma vos
En muchos países latinoamericanos se emplea la forma vos en lugar de la forma tú.

Según la zona hispanohablante, se pueden usar diferentes formas:
1. ¿Cómo te llamas?
¿Cómo te llamás?
3. ¿Cómo os llamáis?
¿Cómo se llaman?

LLAMARSE
(Yo)   llamo
(Tú)*   llamas
(Usted/él/ella)   se llama
(Nosotros/as)   nos llamamos
(Vosotros/
(Ustedes/e

* En Argenti
(Vos) te lla

↔ No se usa
"ustedes".

5. Completa los diálogos en tu cuaderno con las formas del verbo *llamarse*.

1. **Profesor:** ¿Cómo te llamas / te llamás ?
   Marta: Me llamo Marta.

2. **Pablo:** ¿Cómo se llama ?
   Profesora: Me llamo Emilia Ruiz.

3. **Profesor:** ¿Cómo os llamáis / se llaman ?
   Carmen: Yo me llamo Carmen y él se llama Armando.

4. **Miguel:** ¿Cómo se llaman ustedes?
   Profesor: Me llamo Juan Muñoz. Soy el profesor de inglés.
   Profesora: Me llamo Isabel Corral. Soy la profesora de matemáticas.

Quince   15

Refuerzo y ampliación de la temática de la unidad:

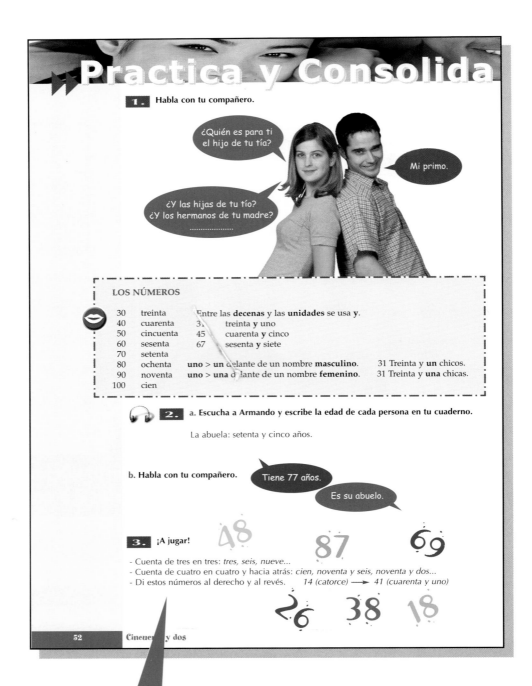

Practica y Consolida

1. Habla con tu compañero.

¿Quién es para ti el hijo de tu tía?

Mi primo.

¿Y las hijas de tu tío?
¿Y los hermanos de tu madre?
....

LOS NÚMEROS

30	treinta	Entre las **decenas** y las **unidades** se usa **y**.
40	cuarenta	31 treinta y uno
50	cincuenta	45 cuarenta **y** cinco
60	sesenta	67 sesenta **y** siete
70	setenta	
80	ochenta	**uno** > **un** delante de un nombre **masculino**. 31 Treinta y **un** chicos.
90	noventa	**uno** > **una** delante de un nombre **femenino**. 31 Treinta y **una** chicas.
100	cien	

2. a. Escucha a Armando y escribe la edad de cada persona en tu cuaderno.

La abuela: setenta y cinco años.

b. Habla con tu compañero.

Tiene 77 años.

Es su abuelo.

3. ¡A jugar!

48   87   69

- Cuenta de tres en tres: *tres, seis, nueve...*
- Cuenta de cuatro en cuatro y hacia atrás: *cien, noventa y seis, noventa y dos...*
- Di estos números al derecho y al revés.   *14 (catorce)* ⟶ *41 (cuarenta y uno)*

26   38   18

Actividades lúdicas para repasar y reforzar los contenidos y desarrollar la autonomía y la espontaneidad.

III

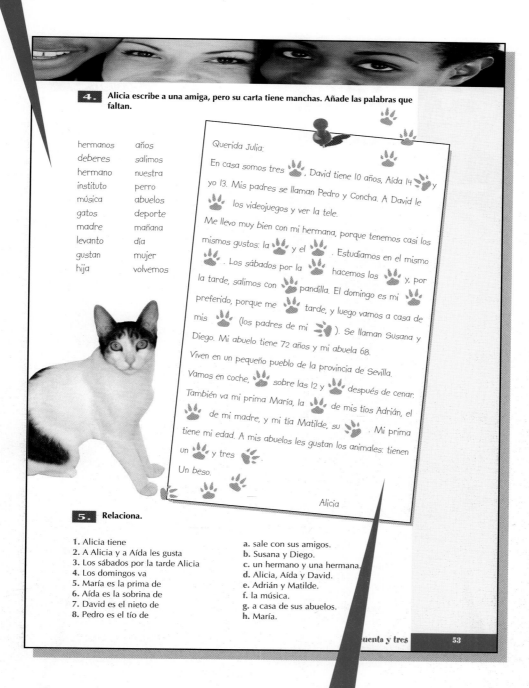

4. Alicia escribe a una amiga, pero su carta tiene manchas. Añade las palabras que faltan.

hermanos	años
deberes	salimos
hermano	nuestra
instituto	perro
música	abuelos
gatos	deporte
madre	mañana
levanto	día
gustan	mujer
hija	volvemos

Querida Julia:

En casa somos tres 🐾, David tiene 10 años, Aída 14 y yo 13. Mis padres se llaman Pedro y Concha. A David le 🐾 los videojuegos y ver la tele.

Me llevo muy bien con mi hermana, porque tenemos casi los mismos gustos: la 🐾 y el 🐾. Estudiamos en el mismo 🐾. Los sábados por la 🐾 hacemos los 🐾 y, por la tarde, salimos con 🐾 pandilla. El domingo es mi preferido, porque me 🐾 tarde, y luego vamos a casa de mis 🐾 (los padres de mi 🐾). Se llaman Susana y Diego. Mi abuelo tiene 72 años y mi abuela 68. Viven en un pequeño pueblo de la provincia de Sevilla. Vamos en coche, 🐾 sobre las 12 y 🐾 después de cenar. También va mi prima María, la 🐾 de mis tíos Adrián, el 🐾 de mi madre, y mi tía Matilde, su 🐾. Mi prima tiene mi edad. A mis abuelos les gustan los animales: tienen un 🐾 y tres 🐾.

Un beso.

Alicia

5. Relaciona.

1. Alicia tiene
2. A Alicia y a Aída les gusta
3. Los sábados por la tarde Alicia
4. Los domingos va
5. María es la prima de
6. Aída es la sobrina de
7. David es el nieto de
8. Pedro es el tío de

a. sale con sus amigos.
b. Susana y Diego.
c. un hermano y una hermana.
d. Alicia, Aída y David.
e. Adrián y Matilde.
f. la música.
g. a casa de sus abuelos.
h. María.

Presentación del contenido funcional:

4 Unidad

Lección 8

¿Cómo son?

1. Escucha y lee las descripciones. Relaciona cada persona con su descripción.

a　**b**　**c**　**d**

Es delgada.
Tiene el pelo largo y ondulado.
Es morena.

Es morena.
Tiene el pelo largo y liso.
Tiene los ojos azules.

DESCRIBIR A UNA PERSONA

Es alto, bajo.	Es alta, baja.
Es gordo, delgado.	Es gorda, delgada.
Es rubio, moreno.	Es rubia, morena.
Es calvo.	

Tiene el pelo　　corto, largo.
　　　　　　　　liso, ondulado, rizado.

Tiene los ojos　　verdes, azules, negros, marrones.

Lleva　　　　　　gafas, barba, bigote.

Es rubio.
Tiene el pelo corto y rizado.
Lleva bigote.
Es alto y delgado.

Es alto y gordo.
Es moreno.
Tiene el pelo corto y liso.
Lleva barba.
Lleva gafas y tiene los ojos azules.

Exponentes lingüísticos.

Modelos de lengua.

V

2. Describe a estas personas.

• *Rubén es alto...*

	Rubén	Celia	Arturo	Gabriela
alto/a	X		X	
bajo/a		X		X
delgado/a	X	X		
gordo/a			X	X
bigote	X			
barba	X		X	
gafas		X	X	
rubio/a	X			X
moreno/a		X	X	
pelo corto	X		X	
pelo largo		X		X
pelo rizado	X	X		
pelo liso			X	X
ojos negros	X			
ojos verdes				X
ojos marrones		X		
ojos azules			X	

3. Piensa en un personaje famoso.

¿Es un hombre?

Sí.

¿Es un actor?

No.

¿Es un deportista?

....

Un hombre/una mujer
Un actor/una actriz
Un/-a cantante
Un/-a deportista
Joven/viejo/a

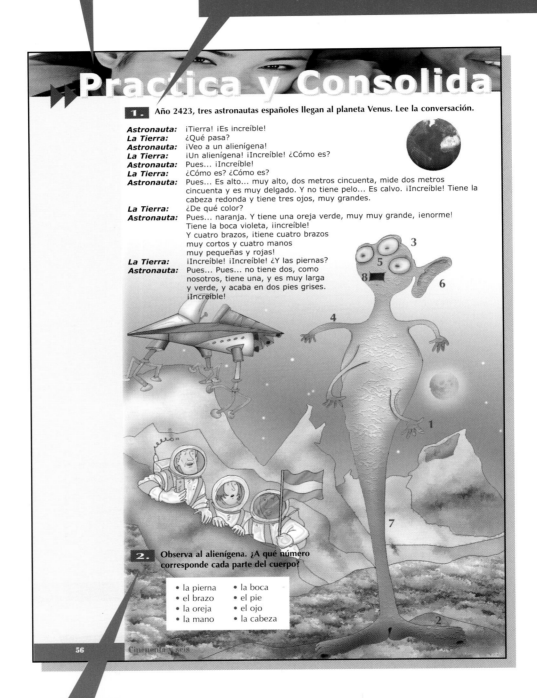

Practica y Consolida

1. Año 2423, tres astronautas españoles llegan al planeta Venus. Lee la conversación.

Astronauta: ¡Tierra! ¡Es increíble!
La Tierra: ¿Qué pasa?
Astronauta: ¡Veo a un alienígena!
La Tierra: ¡Un alienígena! ¡Increíble! ¿Cómo es?
Astronauta: Pues... ¡Increíble!
La Tierra: ¿Cómo es? ¿Cómo es?
Astronauta: Pues... Es alto... muy alto, dos metros cincuenta, mide dos metros cincuenta y es muy delgado. Y no tiene pelo... Es calvo. ¡Increíble! Tiene la cabeza redonda y tiene tres ojos, muy grandes.
La Tierra: ¿De qué color?
Astronauta: Pues... naranja. Y tiene una oreja verde, muy muy grande, ¡enorme! Tiene la boca violeta, ¡increíble! Y cuatro brazos, ¡tiene cuatro brazos muy cortos y cuatro manos muy pequeñas y rojas!
La Tierra: ¡Increíble! ¡Increíble! ¿Y las piernas?
Astronauta: Pues... Pues... no tiene dos, como nosotros, tiene una, y es muy larga y verde, y acaba en dos pies grises. ¡Increíble!

2. Observa al alienígena. ¿A qué número corresponde cada parte del cuerpo?

- la pierna
- la boca
- el brazo
- el pie
- la oreja
- el ojo
- la mano
- la cabeza

56   Cincuenta y seis

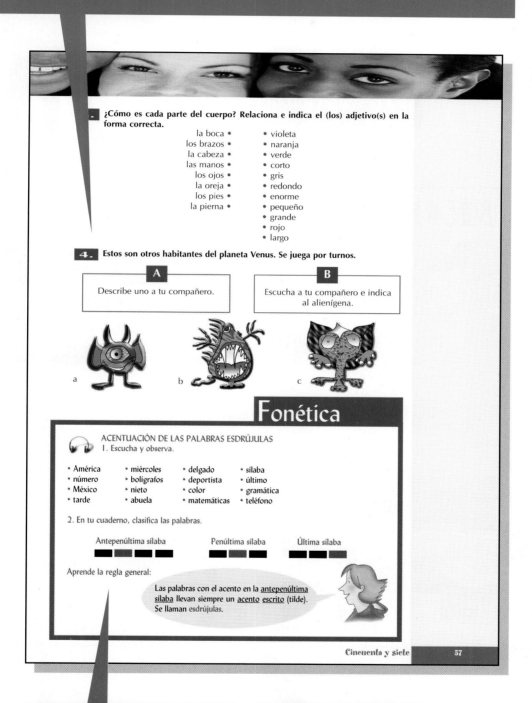

¿Cómo es cada parte del cuerpo? Relaciona e indica el (los) adjetivo(s) en la forma correcta.

la boca •   • violeta
los brazos •   • naranja
la cabeza •   • verde
las manos •   • corto
los ojos •   • gris
la oreja •   • redondo
los pies •   • enorme
la pierna •   • pequeño
                     • grande
                     • rojo
                     • largo

4. Estos son otros habitantes del planeta Venus. Se juega por turnos.

A	B
Describe uno a tu compañero.	Escucha a tu compañero e indica al alienígena.

a   b   c

Fonética

ACENTUACIÓN DE LAS PALABRAS ESDRÚJULAS
1. Escucha y observa.

• América   • miércoles   • delgado   • sílaba
• número   • bolígrafos   • deportista   • último
• México   • nieto   • color   • gramática
• tarde   • abuela   • matemáticas • teléfono

2. En tu cuaderno, clasifica las palabras.

Antepenúltima sílaba   Penúltima sílaba   Última sílaba

Aprende la regla general:

Las palabras con el acento en la antepenúltima sílaba llevan siempre un acento escrito (tilde). Se llaman esdrújulas.

VIII

Introducción a la cultura hispana.

Presentación del país.

Numerosos documentos gráficos.

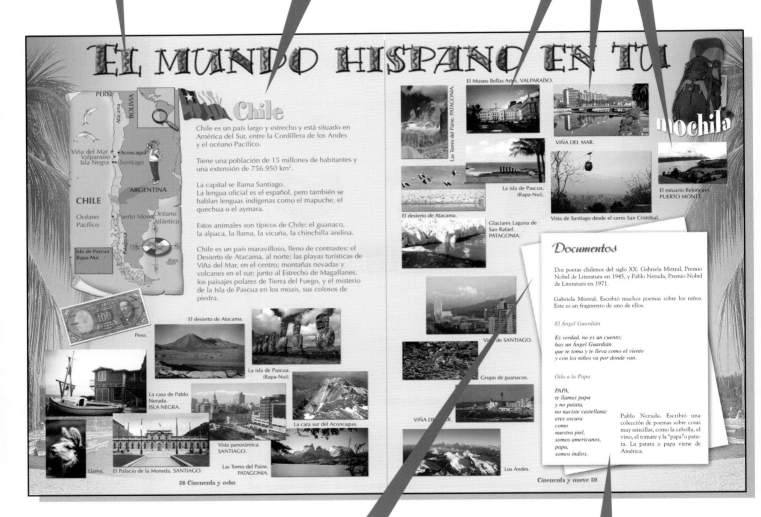

EL MUNDO HISPANO EN TU mochila

Chile

Chile es un país largo y estrecho y está situado en América del Sur, entre la Cordillera de los Andes y el océano Pacífico.

Tiene una población de 15 millones de habitantes y una extensión de 756.950 km².

La capital se llama Santiago.
La lengua oficial es el español, pero también se hablan lenguas indígenas como el mapuche, el quechua o el aymara.

Estos animales son típicos de Chile: el guanaco, la alpaca, la llama, la vicuña, la chinchilla andina.

Chile es un país maravilloso, lleno de contrastes: el Desierto de Atacama, al norte; las playas turísticas de Viña del Mar, en el centro; montañas nevadas y volcanes en el sur; junto al Estrecho de Magallanes, los paisajes polares de Tierra del Fuego, y el misterio de la Isla de Pascua en los moais, sus colosos de piedra.

PERÚ
BOLIVIA
Atacama
Viña del Mar
Valparaíso · Aconcagua
Isla Negra · Santiago
ARGENTINA
CHILE
Océano Pacífico · Puerto Montt · Océano Atlántico
Isla de Pascua *Rapa-Nui*

Peso. 100

El desierto de Atacama.

La casa de Pablo Neruda. ISLA NEGRA.

La isla de Pascua. (Rapa-Nui).

La cara sur del Aconcagua.

Llama.

El Palacio de la Moneda. SANTIAGO.

Vista panorámica. SANTIAGO.

Las Torres del Paine. PATAGONIA.

58 Cincuenta y ocho

Las Torres del Paine. PATAGONIA.

El Museo Bellas Artes. VALPARAÍSO.

VIÑA DEL MAR.

La isla de Pascua. (Rapa-Nui).

El desierto de Atacama.

El estuario Reloncaví. PUERTO MONTT.

Glaciares Laguna de San Rafael. PATAGONIA.

Vista de Santiago desde el cerro San Cristóbal.

Vista de SANTIAGO.

Grupo de guanacos.

VIÑA DEL MAR.

Los Andes.

Documentos

Dos poetas chilenos del siglo XX: Gabriela Mistral, Premio Nobel de Literatura en 1945, y Pablo Neruda, Premio Nobel de Literatura en 1971.

Gabriela Mistral. Escribió muchos poemas sobre los niños. Este es un fragmento de uno de ellos.

El Ángel Guardián

Es verdad, no es un cuento;
hay un Ángel Guardián
que te toma y te lleva como el viento
y con los niños va por donde van.

Oda a la Papa

PAPA,
te llamas papa
y no patata,
no naciste castellana:
eres oscura
como
nuestra piel,
somos americanos,
papa,
somos indios.

Pablo Neruda. Escribió una colección de poemas sobre cosas muy sencillas, como la cebolla, el vino, el tomate y la "papa" o patata. La patata o papa viene de América.

Cincuenta y nueve 59

Presenta la lectura como una fuente de placer y enriquecimiento.

Textos auténticos.

CHIC@S en la red

La página *web* de Eva y su mascota.

Las diferentes razas de perros

¿Cuántos años vive un perro?

¿Qué come el perro?

El cuidado del perro

Perros famosos

Me llamo Eva y me gustan mucho los animales.
Mi mascota preferida es el perro.
Tengo uno: se llama Bingo, es un cachorro y tiene cinco meses.
Es muy cariñoso y juguetón.
Le gusta mucho correr.

Tengo un libro de poesías sobre animales.
Mi poesía preferida se llama *La ardilla* y es del poeta mexicano Amado Nervo.

Busca más poesías sobre animales de estos autores:
Rafael Alberti
María Elena Walsh

La ardilla corre.
La ardilla vuela.
La ardilla salta
como locuela.
Mamá, ¿la ardilla
no va a la escuela?

Ven, ardillita,
tengo una jaula
que es muy bonita.
No; yo prefiero
mi tronco de árbol
y mi agujero.

1. ¿Cuántas secciones tiene esta *web*?
2. Describe el mensaje de Eva.
3. ¿Te gustan los animales?
4. ¿Tienes una mascota? ¿Cómo se llama? ¿Cuántos años tiene?
5. a. Lee la poesía. b. ¿Por qué no te la aprendes de memoria?

6. Confecciona tu página y mándala a chicos-chicas@ edelsa.es

X

FICHA RESUMEN

COMUNICACIÓN

- Preguntar y decir la hora
¿Qué hora es?
Son las tres y media.
- Indicar horarios
Todos los días me levanto a las ocho.
- Presentar las actividades cotidianas
Por la mañana / por la tarde / por la noche / me levanto, me ducho, desayuno...
- Hablar de las asignaturas
Los miércoles tengo inglés a las dos.

- Expresar gustos
Me gusta la tecnología.
No me gustan las matemáticas.
- Indicar acuerdo y desacuerdo
Me gusta el deporte. / A mí también.
No me gustan las ciencias naturales. / A mí sí.
- Dar la opinión sobre las asignaturas
La historia es muy interesante.

GRAMÁTICA

- La negación
No tengo francés los martes.
- Pronombres que acompañan al verbo *gustar*
Me, te, le, nos, os, les.
- Presente de indicativo
Verbos con pronombre: *levantarse, peinarse, ducharse...*
Verbos con alteraciones vocálicas: *e >ie (empezar), o > ue (volver), u > ue (jugar), e > i (vestirse)...*
Verbos irregulares: *ir, salir, decir.*
- El verbo *gustar*
Me gusta(n), te gusta(n), le gusta(n)...
- *Ser* + adjetivo
Es interesante.
Es fácil.
- El adverbio *muy.*
Las matemáticas son muy fáciles.

VOCABULARIO

- Actividades cotidianas
Levantarse, desayunar, ir al instituto...
- Las asignaturas
Las matemáticas, el inglés, la educación física...

El cuaderno de ejercicios

Ofrece una amplia gama de actividades para
* reforzar los contenidos introducidos en el libro,
* ampliar los conocimientos.

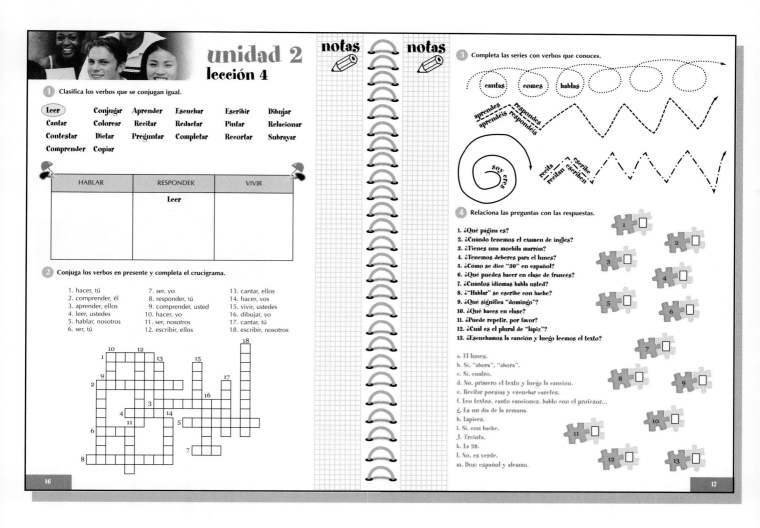

Permite a los alumnos trabajar de forma autónoma.
Los ejercicios propuestos pueden realizarse tanto en el aula como
fuera de ella.

El libro del profesor

Incluye el libro del alumno, con actividades metodológicas y propuestas de actividades de calentamiento y consolidación.
En algunos casos se ofrecen páginas *web* para ampliar los contenidos.

Orientación metodológica.

Información cultural.

Las variantes del español.

Respuestas a las actividades.

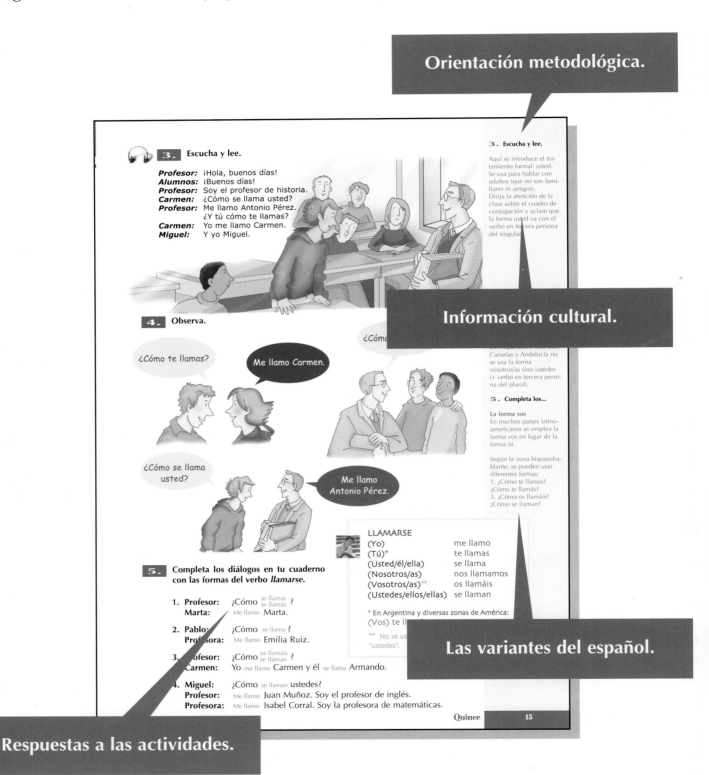

3. Escucha y lee.

Profesor: ¡Hola, buenos días!
Alumnos: ¡Buenos días!
Profesor: Soy el profesor de historia.
Carmen: ¿Cómo se llama usted?
Profesor: Me llamo Antonio Pérez.
¿Y tú cómo te llamas?
Carmen: Yo me llamo Carmen.
Miguel: Y yo Miguel.

4. Observa.

¿Cómo te llamas?

Me llamo Carmen.

¿Cómo se llama usted?

Me llamo Antonio Pérez.

5. Completa los diálogos en tu cuaderno con las formas del verbo *llamarse*.

1. **Profesor:** ¿Cómo te llamas / te llamás ?
   Marta: Me llamo Marta.

2. **Pablo:** ¿Cómo se llama ?
   Profesora: Me llamo Emilia Ruiz.

3. **Profesor:** ¿Cómo os llamáis / se llaman ?
   Carmen: Yo me llamo Carmen y él se llama Armando.

4. **Miguel:** ¿Cómo se llaman ustedes?
   Profesor: Me llamo Juan Muñoz. Soy el profesor de inglés.
   Profesora: Me llamo Isabel Corral. Soy la profesora de matemáticas.

3. Escucha y lee.

Aquí se introduce el tratamiento formal: usted. Se usa para hablar con adultos (que no son familiares ni amigos). Dirija la atención de la clase sobre el cuadro de conjugación y aclare que la forma usted va con el verbo en tercera persona del singular.

En Hispanoamérica, las Canarias y Andalucía no se usa la forma vosotros/as sino ustedes (+ verbo en tercera persona del plural).

5. Completa los...

La forma vos
En muchos países latinoamericanos se emplea la forma vos en lugar de la forma tú.

Según la zona hispanohablante, se pueden usar diferentes formas:
1. ¿Cómo te llamas?
   ¿Cómo te llamás?
3. ¿Cómo os llamáis?
   ¿Cómo se llaman?

LLAMARSE
(Yo)	me llamo
(Tú)*	te llamas
(Usted/él/ella)	se llama
(Nosotros/as)	nos llamamos
(Vosotros/as)**	os llamáis
(Ustedes/ellos/ellas)	se llaman

* En Argentina y diversas zonas de América:
(Vos) te ll...

** No se us...
"ustedes".

Quince 15

Orientaciones generales
para trabajar las actividades

Los auditivos

Presentan diferentes modelos de la lengua hablada con voces, acentos y entonaciones de hablantes nativos de los diferentes países hispanoparlantes.
Ofrecen situaciones auténticas de comunicación directamente ligadas al entorno de los adolescentes.
Sirven para:
- **introducir las estructuras y el léxico nuevos,**
- **practicar y reforzar los contenidos ya presentados.**

• Auditivos con transcripción
Realice dos audiciones.
1. Los alumnos escuchan la cinta y leen el texto. Esta actividad les permite realizar la relación fonía/grafía de las palabras nuevas.
2. Anímelos a que repitan los textos mentalmente junto con cada personaje.

Consolidación: estos textos son idóneos para lecturas expresivas que involucran a los alumnos.

• Auditivos sin transcripción
Antes de poner la grabación, escriba en la pizarra las palabras nuevas del texto que puedan dificultar la comprensión global y explique su significado. Atraiga la atención de los alumnos sobre las ilustraciones (constituyen una valiosa ayuda a la comprensión).
Asimismo, para determinadas grabaciones, será necesario explicar la situación.
A continuación, realice dos audiciones:
1. Los alumnos escuchan la cinta para familiarizarse con el texto. Plantee algunas preguntas sencillas de comprensión.
2. Los alumnos comprueban sus respuestas. Deje que trabajen de manera individual y silenciosa. Circule por el aula para comprobar las respuestas y ayudar a los estudiantes que lo necesiten. Resalte sus logros para afianzar su autoestima. Si resulta necesario, realice otra audición. Sugiera a los alumnos que comparen sus respuestas con las de su compañero de pupitre y corrija el ejercicio.

Nota: es importante indicar a los estudiantes que no es imprescindible conocer todas y cada una de las palabras oídas y que deben concentrarse en lo que comprenden, pues lo más importante es captar el sentido general de los diálogos.

Consolidación
Remita a los alumnos a la transcripción que figura al final del libro. Póngales de nuevo la cinta e invítelos a que repitan los textos silenciosamente junto con los locutores, fijándose bien en la entonación y pronunciación.
Seguidamente, estimule a los voluntarios a leer los textos de forma expresiva.
Por fin, anime a los alumnos a que escriban las palabras nuevas en su cuaderno. Si su clase es monolingüe, haga hincapié en los puntos diferenciadores entre el español y su idioma materno (ortografía, género, número, falsos amigos, aspectos gramaticales, etc.).

Los ejercicios de expresión oral individuales

Procure dar la palabra al máximo número de alumnos, animando siempre a los más tímidos a intervenir. Corrija los errores más significativos (sin repetirlos nunca, para que los estudiantes oigan únicamente la forma correcta).

Los ejercicios de interacción oral

Este tipo de actividad ofrece las siguientes ventajas:
• permite practicar de forma real los conocimientos recién adquiridos,
• aumenta el tiempo de habla de los alumnos (especialmente en las clases muy numerosas),
• brinda a los más tímidos la oportunidad de expresarse libremente (al no tener que hacerlo ante toda la clase),
• hace que los alumnos aprecien la importancia del trabajo en equipo (participar voluntariamente, saber escuchar, saber esperar su turno para hablar, ayudar a su compañero, no molestar a los demás alumnos mientras trabajan...).
Antes de realizar este tipo de ejercicio, ejemplifíquelo siempre con voluntarios.
Mientras los alumnos trabajan, pase por las mesas y compruebe que todos participan por igual, se comunican en español y muestran respeto por las producciones de sus compañeros. Corrija las formas incorrectas sin repetirlas nunca, diga varias veces la versión correcta y anótela en la pizarra, pues el apoyo visual ayuda a fijar las palabras en la memoria.
Los más avanzados podrán rehacer el ejercicio con otro compañero mientras los demás lo terminan.
Anime a los voluntarios a que representen su ejercicio ante la clase. De este modo, los estudiantes aprenderán a escucharse con curiosidad unos a otros y a sacar provecho de las producciones de sus compañeros: oirán varias veces las estructuras y las retendrán más fácilmente. Felicítelos siempre para estimular su autoestima y fomentar su gusto por expresarse en español.

Los ejercicios de expresión escrita

Permiten fijar la ortografía de las palabras nuevas y brindan a los alumnos más tímidos la oportunidad de trabajar a su ritmo (atienden a la diversidad de los ritmos de aprendizaje). Asimismo, permite a los alumnos expresar por escrito y de forma muy personal lo que acaban de ver.
Pase por las mesas para leer las producciones y atienda especialmente a los estudiantes menos avanzados, corrigiendo con tacto sus errores para no desanimarlos. Luego, anímelos a presentar sus respuestas (ya corregidas) a la clase para que valoren sus progresos e intervengan con más confianza.
Por fin, puede pedir a los alumnos que copien en su cuaderno las producciones presentadas.

Los cuadros (funcionales, gramaticales)

Llame la atención de la clase sobre los cuadros y coméntelos.

Los cuadros de léxico

Aproveche la riqueza del español para introducir variantes. Así, en el caso de la descripción física, puede, por ejemplo, en vez de «montar en bici» ofrecer «ir en bici» (expresión empleada en Argentina).

Los ejercicios de entonación, acentuación y pronunciación

Ponga la cinta (cuantas veces resulten necesarias) y deje que los estudiantes escuchen las palabras mientras las leen en el libro. Luego, pronúncielas lentamente y haga que los alumnos las repitan después de usted. Anímelos a que expresen sus observaciones y dudas.

Consolidación
Motive a los alumnos a buscar más ejemplos en las lecciones ya estudiadas.

Un país latino en tu mochila

Primero, diga a los alumnos que lean el texto sobre el país silenciosamente y a su propio ritmo. A continuación, léalo en voz alta y lentamente. Anime a los estudiantes a que le pregunten el significado de las palabras nuevas usando la estructura *¿Qué significa..., por favor?* Por último, solicite voluntarios para leer el texto.

Consolidación
Esta actividad puede ser una buena oportunidad para repasar la pronunciación y la acentuación. Invite a los alumnos a que escriban las palabras nuevas en su cuaderno.

La introducción de textos literarios, aunque exceda el nivel de lengua de los estudiantes, siempre es posible, si se cuenta con el entusiasmo del profesorado.

Notas:
• Conviene subrayar que estos textos no entran en la progresión.
• Pueden darse como ejercicio para casa. En este caso, los estudiantes trabajarán con la ayuda del diccionario, individualmente o en pequeños grupos.

El uso del español en el aula

Desde las primeras clases, procure comunicarse en español con los estudiantes para proporcionarles más situaciones reales de comunicación.
Establezca rutinas con la clase: saludo al llegar, despedida al irse. Al principio, acompañe sus frases con mímica para permitir su comprensión...

	Unidad 1	**Unidad 2**	**Unidad 3**	**Unidad 4**
UNIDADES	**Lección 1:** ¡Hola! **Lección 2:** Cumpleaños.	**Lección 3:** En el aula. **Lección 4:** Plan de trabajo.	**Lección 5:** Vida cotidiana. **Lección 6:** Me gustan las matemáticas.	**Lección 7:** Mi familia. **Lección 8:** ¿Cómo son?
CONTENIDOS	**Competencias pragmáticas:** • Saludar y despedirse. • Pedir y dar datos personales: nombre, nacionalidad, edad, fecha de nacimiento. • Lenguaje formal e informal. **Competencias lingüísticas:** - Competencia gramatical: • Interrogativos: *cómo, cuándo, cuántos, de dónde...* • Verbos: *llamarse, tener, ser, cumplir* (Presente Indicativo). • Adjetivos de nacionalidad: femenino/masculino. • Pronombres sujeto. • Pronombres reflexivos. - Competencia léxica: • Nombres de países, nacionalidades, días de la semana, meses, estaciones... • Números hasta 31, signos del Zodiaco, planetas. - Competencia fonológica: • Las frases interrogativas-exclamativas. **Competencias generales:** • El conocimiento del Mundo Hispano: España. • Acercamiento a las Nuevas Tecnologías.	**Competencias pragmáticas:** • Describir el ámbito del aula. • Presentar las actividades de clase. • Recursos para la comunicación en el aula. **Competencias lingüísticas:** - Competencia gramatical: • Artículos determinados e indeterminados. • Artículos contractos. • El plural de los nombres. • Adjetivos de color: género y número. • Verbos en -ar, -er, -ir (Presente Indicativo). • Verbo *hacer*. - Competencia léxica: • Objetos del ámbito de la clase. • Actividades que se realizan en el aula. • Los colores. - Competencia fonológica: • Acentuación: la acentuación I. **Competencias generales:** • El conocimiento del Mundo Hispano: México. • Acercamiento a las Nuevas Tecnologías.	**Competencias pragmáticas:** • Preguntar y decir la hora. • Indicar horarios. • Hablar de las actividades cotidianas. • Expresar gustos. • Dar una opinión. **Competencias lingüísticas:** -Competencia gramatical: • La negación. • Verbos pronominales, verbos con e/ie, o/ue, e/i, verbos irregulares: *ir, salir* (Presente Indicativo). Decir. • El verbo *gustar*. • *Ser* + adjetivo. • El adverbio: *muy*. -Competencia léxica: • Actividades cotidianas. • Las asignaturas. -Competencia fonológica: • Acentuación: la acentuación II. **Competencias generales:** • El conocimiento del Mundo Hispano: Cuba. • Acercamiento a las Nuevas Tecnologías.	**Competencias pragmáticas:** • Presentar a la familia. • Describir el aspecto físico de las personas. **Competencias lingüísticas:** -Competencia gramatical: • Adjetivos posesivos. • El adjetivo calificativo: género y número. -Competencia léxica: • La familia. • El cuerpo humano. • Adjetivos de descripciones físicas. • Animales domésticos. • Contar hasta 100. -Competencia fonológica: • Acentuación: la acentuación III. **Competencias generales:** • El conocimiento del Mundo Hispano: Chile. • Acercamiento a las Nuevas Tecnologías.

ÁMBITOS P E R S O N A L – P Ú

TEMAS TRANSVERSALES Conciencia intercultural - tolerancia - igualdad de sexos

TAREAS Y PROPÓSITOS COMUNICATIVOS

> **Actividades de:**
> - expresión oral
> - expresión escrita

> Estrategias de expresión

el entorno hispano, el alfabeto, los primeros números.

Unidad 5	Unidad 6	Unidad 7	Unidad 8
Lección 9: Hemos ido al Parque Safari. **Lección 10:** Mundo animal.	**Lección 11:** Carmen es simpática. **Lección 12:** ¿Qué estás haciendo?	**Lección 13:** Tiempo libre. **Lección 14:** Los deportes.	**Lección 15:** ¡Vacaciones! **Lección 16:** Campamento de verano.
Competencias pragmáticas: • Hablar de actividades en un pasado reciente. • Expresarse y reaccionar con cortesía. • Preguntar la localización de algo. • Dar instrucciones. • Situar en el espacio. **Competencias lingüísticas:** -Competencia gramatical: • El Pretérito Perfecto: participios regulares e irregulares. • Expresiones temporales: *hoy, a las dos, este año...* • Adverbios de tiempo: *todavía, ya.* • Preposiciones de lugar: *al lado de, detrás de...* • Verbo *estar* (Presente Indicativo). -Competencia léxica: • Actividades para buscar y procesar información. • Animales salvajes. -Competencia fonológica: • La acentuación: recapitulación.	**Competencias pragmáticas:** • Describir rasgos del carácter. • Decir lo que se está haciendo. • Reaccionar informalmente. **Competencias lingüísticas:** -Competencia gramatical: • Contraste *ser* y *estar*. • Adverbios de cantidad + adjetivo: *bastante, poco, muy...* • *Estar* + gerundio. -Competencia léxica: • Adjetivos para describir la personalidad. • Verbos de acciones cotidianas. • Los demostrativos: Este - Ese. -Competencia fonológica: • Sonidos y grafías de *r* y *rr*.	**Competencias pragmáticas:** • Hablar del ocio. • Expresar gustos. • Expresar la frecuencia. • Hablar de planes e intenciones. **Competencias lingüísticas:** -Competencia gramatical: • Adverbios y expresiones de frecuencia. • Verbo + *mucho*. • *Muchos/muchas* + sustantivo. • *Ir a* + sustantivo. • *Ir a* + verbo. -Competencia léxica: • Las actividades de ocio y las aficiones. • El deporte. -Competencia fonológica: • Sonidos y grafías de *z* y *c*.	**Competencias pragmáticas:** • Hablar de actividades en el pasado. • Describir paisajes. **Competencias lingüísticas:** -Competencia gramatical: • Pretérito Indefinido (verbos regulares). • Pretérito Indefinido: *estar, hacer, ir, ser, tener, ver.* • Expresiones temporales: *ayer, hace dos días, el 6 de enero, la semana pasada...* • Oposición *hay/está.* • Contraste Indefinido/Pretérito Perfecto. • Expresiones de tiempo: *por la mañana, por la tarde, por la noche.* -Competencia léxica: • Actividades al aire libre. • El campo, la naturaleza. -Competencia fonológica: • Sonidos y grafías de *j* y *g*.
Competencias generales: • El conocimiento del Mundo Hispano: Perú. • Acercamiento a las Nuevas Tecnologías.	**Competencias generales:** • El conocimiento del Mundo Hispano: Venezuela. • Acercamiento a las Nuevas Tecnologías.	**Competencias generales:** • El conocimiento del Mundo Hispano: Argentina. • Acercamiento a las Nuevas Tecnologías.	**Competencias generales:** • El conocimiento del Mundo Hispano: Mundo Maya. • Acercamiento a las Nuevas Tecnologías.

B L I C O   -   E D U C A T I V O

- respeto del medio ambiente - respeto al mundo animal - educación para la paz.

Actividades de:
-comprensión auditiva
-comprensión lectora

Estrategias de comprensión

Actividades de interacción:
-oral
-escrita

Estrategias de interacción

Mar Cantábrico

La Coruña

5 Oviedo   Santander   San Sebastián

4 Santiago de Compostela   7   FRANCIA

Lugo   6   Bilbao   8

León   Vitoria

Pontevedra   Pamplona

Orense   Burgos   9 Logroño   Huesca   Gerona

Palencia

Soria   Zaragoza   Lérida   Barcelona

3 Valladolid   10

Zamora   Tarragona

Salamanca   Segovia   Guadalajara   Teruel   ISLAS BALEARES   Menorca

Ávila   17   Palma de Mallorca

Madrid   Cuenca   Castellón   14

16 Toledo   Ibiza   Cabrera

12 Valencia

Cáceres   Formentera

2 Mérida   Ciudad Real   Albacete

Badajoz   Alicante

Córdoba   Jaén   13   Mar Mediterráneo

Murcia

Huelva • Sevilla

1   Granada   ESPAÑA
COMUNIDADES

Málaga   Almería

Cádiz

PORTUGAL

Océano Atlántico

1. ANDALUCÍA: capital, Sevilla.
2. EXTREMADURA: capital, Mérida.
3. CASTILLA Y LEÓN: capital, Valladolid.
4. GALICIA: capital, Santiago de Compostela.
5. PRINCIPADO DE ASTURIAS: capital, Oviedo.
6. CANTABRIA: capital, Santander.
7. PAÍS VASCO: capital, Vitoria.
8. NAVARRA: capital, Pamplona.
9. LA RIOJA: capital, Logroño.
10. ARAGÓN: capital, Zaragoza.
11. CATALUÑA: capital, Barcelona.
12. COMUNIDAD VALENCIANA: capital, Valencia.
13. REGIÓN DE MURCIA: capital, Murcia.
14. ISLAS BALEARES: capital, Palma de Mallorca.
15. ISLAS CANARIAS: capitales, Las Palmas de
    Gran Canaria y Santa Cruz de Tenerife.
16. CASTILLA-LA MANCHA: capital, Toledo.
17. MADRID: capital, Madrid. (**Capital de España.**)

ISLAS CANARIAS

Lanzarote

La Palma   Santa Cruz
de Tenerife

Tenerife   Fuerteventura

Gomera   15   Las Palmas de
Gran Canaria

El Hierro   Gran Canaria

MÉXICO: capital, México DF.
CUBA: capital, La Habana.
GUATEMALA: capital, Guatemala.
EL SALVADOR: capital, San Salvador.
HONDURAS: capital, Tegucigalpa.
NICARAGUA: capital, Managua.
REPÚBLICA DOMINICANA: capital, Santo Domingo.
COSTA RICA: capital, San José.
PANAMÁ: capital, Panamá.
COLOMBIA: capital, Bogotá.
VENEZUELA: capital, Caracas.
ECUADOR: capital, Quito.
PERÚ: capital, Lima.
BOLIVIA: capital, La Paz.
PARAGUAY: capital, Asunción.
CHILE: capital, Santiago de Chile.
ARGENTINA: capital, Buenos Aires.
URUGUAY: capital, Montevideo.

1. Escucha y lee.

El primer contacto con el español se hace a través de la presentación de tres jóvenes hispanohablantes: un español, una argentina y un mexicano. Permite a los estudiantes tomar conciencia de la diversidad de países que comparten este idioma y les brinda la posibilidad de oír varias voces y acentos hispanos.

Motivación
Libros cerrados. Escriba en la pizarra el nombre de los tres países: España, México y Argentina. Luego, pregunte a los alumnos en qué país están estas ciudades: Acapulco, Madrid, Buenos Aires, Sevilla, México DF y Puerto Iguazú. Deberán contestar usando: [nombre de la ciudad] está en [nombre del país]. Anote esta estructura en la pizarra para que la tengan a la vista. Por fin, abran el libro por las páginas 6 y 7 para comprobar las respuestas. Deles unos minutos para que observen la ilustración.

A continuación, realice el ejercicio de audición.

Haga notar a la clase que, en español, al principio de las frases exclamativas se pone un signo de admiración al revés.

Consolidación
- Estimule a los voluntarios a leer los textos en voz alta, imitando la entonación de los tres adolescentes.
- Para fijar la ortografía, pida a los alumnos que copien las frases en su cuaderno, o bien, dígales que las lean varias veces fijándose bien en cómo se escriben, y que, luego, cierren el libro. Dícteles ahora las frases.

1. Escucha y lee.

¡Hola, buenos días! Me llamo Jaime, soy español.

Puerto Iguazú
5

Argentina

6 Buenos Aires

España

1 Segovia
2 Madrid

3 Barcelona

4 Córdoba

7

El Calafate (Patagonia)

¡Hola, buenas tardes! Me llamo Belén, soy argentina.

¡Hola! Me llamo Víctor, soy mexicano.

México

8 México DF

9 Chichén Itzá

10 Acapulco

Si desea ver fotos de estos tres países, visite estas páginas:
- Fotos de España: http://www.magicspain.com/indicesp.html
- Fotos de Argentina: http://www.redargentina.com/comun/galeria/argentina/default.asp
- Fotos de México: http://www.rinconesdelmundo.com/album_mexico.htm

2. Escucha la cinta y mira las fotos. Relaciona las fotos con las ciudades de la página 8.

2. Escucha la cinta...

- Presentación de elementos arquitectónicos y geográficos del mundo hispano.
- Familiarización con la pronunciación española.
- Acercamiento a la relación fonema/grafema de algunas palabras.
- Introducción de los números (del 1 al 10).

Centre la atención de los alumnos en las fotos y pregúnteles si conocen algún elemento o alguna zona. Diga cada palabra y número para dar el modelo de pronunciación.

Antes de poner la cinta, deje unos minutos a los alumnos para que se familiaricen con los nombres. Realice una segunda audición con pausas para que los estudiantes puedan localizar las fotos. Corrija planteando preguntas como la siguiente: *¿En qué ciudad está la Mezquita?*

- El Acueducto de Segovia es la mayor construcción realizada por los romanos en España.
- El Museo del Prado es la más famosa pinacoteca de Madrid y una de las más importantes del mundo. Tiene pinturas de Goya, Velázquez, El Greco, Rubens...
- La Catedral de la Sagrada Familia de Barcelona es una de las obras más importantes de Gaudí.
- El río Iguazú nace en la Sierra del Mar, a 1.300 metros de altura. Antes de las Cataratas el ancho promedio es de 700 metros. Forma una gran U con una falla que da origen a las Cataratas. El Parque Nacional de Iguazú fue declarado Patrimonio Mundial Natural de la Humanidad en 1984.
Según la leyenda guaraní, las Cataratas las hizo un dios celoso de una bella muchacha llamada Naipú, que vivía a orillas del río y de la que estaba enamorado. Pero Naipú prefirió a un mortal y se marchó con él en una canoa. El dios produjo las Cataratas para detenerlos.
- Buenos Aires es la capital de Argentina. Es la décima ciudad más poblada del mundo: tiene más de 12 millones de habitantes.
- Ciudad de México es actualmente la segunda ciudad más poblada del mundo, con más de 22 millones de habitantes.

1 (uno)

Acueducto romano.

2 (dos)

Museo del Prado.

10 (diez)

Los Clavados.

a/6   **a. Buenos Aires**

b/8   **b. México DF**

c/1   **c. Segovia**

d/7   **d. El Calafate (Patagonia)**

e/5   **e. Puerto Iguazú**

f/2   **f. Madrid**

g/9   **g. Chichén Itzá**

h/10   **h. Acapulco**

i/4   **i. Córdoba**

j/3   **j. Barcelona**

3 (tres)

Catedral de la Sagrada Familia.

4 (cuatro)

Mezquita.

9 (nueve)

El Castillo.

8 (ocho)

Catedral y Plaza del Zócalo.

5 (cinco)

Cataratas del Iguazú.

7 (siete)

Glaciar Perito Moreno.

6 (seis)

Barrio de la Boca.

3. ¿Recuerdas los países de habla hispana?

¿Recuerdas la capital de cada país?

1. Escucha la canción...

Esta lección aborda el estudio del alfabeto por medio de una actividad muy estimulante: escuchar una canción de ritmo pegadizo. Invite a los estudiantes a que se la aprendan de memoria.

2. Compara el...

Los estudiantes han de reflexionar acerca de las diferencias entre el español y su idioma materno. Diga de nuevo cada letra y pregúnteles si se pronuncia igual en su lengua. Haga especial hincapié en las letras de idéntica pronunciación para que vean que las dos lenguas tienen elementos en común.

3. Escucha. Lee el...

Para resultar más amena, la introducción de la pronunciación se hace con elementos muy próximos a la realidad tanto de España como de los países latinoamericanos: elementos paisajísticos como el volcán, la palmera, el helecho; animales como el kiwi, el ñandú, la llama; alimentos como el café, la naranja... Para mostrar la diversidad del idioma, se han incluido palabras hispanoamericanas con su correspondiente término en español: el ananá, la piña; la banana, el plátano; los frijoles, las judías. Con fotos como las del ocelote, del jaguar, del helecho o de la palmera (de los cuales algunos están en peligro de extinción) se pretende que los alumnos tomen conciencia de la necesidad de protegerlos.

Antes de poner la grabación, deje que los estudiantes se familiaricen con las ilustraciones. Como consolidación, puede volver a poner la cinta haciendo pausas entre las palabras para que los alumnos las repitan en voz alta. A continuación, elija algunas ilustraciones al azar y pídales que digan la palabra.

1. Escucha la canción y lee las letras.

a b c ch d e f g h i j k l ll m n ñ o p q r s t u v w x y z

Las vocales: a e i o u
Las consonantes: todas las demás

2. Compara el abecedario español con el tuyo. ¿Tiene letras diferentes? ¿Cuáles?

3. Escucha. Lee el alfabeto y las palabras.

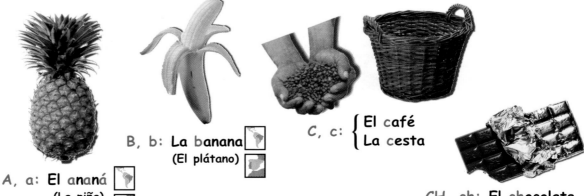

A, a: El ananá (La piña)

B, b: La banana (El plátano)

C, c: { El café / La cesta

CH, ch: El chocolate

D, d: El **d**ado

E, e: La **e**smeralda

F, f: Los **f**rijoles
(Las judías)

G, g: { El **g**aucho
       El **g**eranio

H, h: El **h**elecho

I, i: El **i**nca

J, j: El **j**aguar

K, k: El **k**iwi

L, l: El **l**oro

LL, ll: La **ll**ama

M, m: El **m**ango

N, n: La **n**aranja

Ñ, ñ: El **ñ**andú

O, o: El **o**celote

Q, q: La **q**uena

R, r: La **r**ueda

P, p: La **p**almera

V, v: El **v**olcán

S, s: El **s**ombrero

T, t: El **t**oro

U, u: Las **u**vas

W, w: Richard **W**agner

X, x: El **x**ilófono

Y, y: La **y**uca

Z, z: El **z**apato

4. Juego.

A
Deletrea una de estas palabras a tu compañero.

B
Escucha a tu compañero y señala la palabra.

Según los alumnos que tenga, haga notar la diferencia de pronunciación de ce/ci/za/zo/zu en el español de América, Islas Canarias y Andalucía, en donde suena como /s/.

- El café: conozca su historia en la página http://mx.geocities.com/rdiazg/lahistoria.htm
- El chocolate: descubra su historia en la página http://www.mundohelado.com/materiasprimas/chocolate-historia-1.htm
- Los frijoles: la página http://www.redecuatoriana.com/recetas/frijoles.htm le propone una receta a base de esta legumbre.
- Los incas: visite estas páginas:
- Sobre cultura precolombina, http://www.culturaprecolombina.sion.com/
- Sobre el Valle Sagrado de los incas: http://www.picoagahotel.com/vallesagrado.htm
- El jaguar: rey de las selvas tropicales y subtropicales de América. Es un estupendo nadador, un caminante incansable y un gran predador.
- El ñandú: ave característica de América del Sur, muy parecida al avestruz. Vive en los valles de Brasil, Chile y Argentina, hasta el Estrecho de Magallanes. Se alimenta de hierbas y granos. Siempre ha sido muy codiciado por sus plumas, su carne, su piel y sus huevos.
- El ocelote: vive en la zona tropical de América del Sur. Es un animal nocturno y solitario, excelente nadador y trepador. Se alimenta de mamíferos, pájaros, algunos reptiles, anfibios e insectos. Entre 1970 y 1989, casi fue exterminado debido al comercio de pieles.
- La quena: instrumento musical de viento típicamente andino. Fabricado con bambú proveniente de las zonas subtropicales de Bolivia, Perú y Ecuador.
- El xilófono: instrumento musical de percusión compuesto de una serie de barras de madera. Los esclavos africanos lo introdujeron en Latinoamérica, donde se conoce como marimba.

4. Juego.

Como se trata de la primera actividad en parejas, ejemplifíquela con un voluntario para que la clase entienda bien su mecánica. Pase por las mesas para escuchar las producciones y ayudar a los alumnos que lo necesiten. Juegue con algunos haciendo el papel de A. Por fin, corrija con toda la clase: pida voluntarios para deletrear las palabras, el resto de la clase deberá pronunciarlas.

5. Escucha y escribe...

Esta actividad consiste en un sencillo dictado destinado a fijar la ortografía. Los estudiantes van a oír 10 palabras del ejercicio 3 y han de escribirlas en su cuaderno, con los libros cerrados. Antes de poner la cinta, invítelos a que lean las palabras. Diga a los estudiantes que se autocorrijan, comparando sus palabras con las del libro.
Si dispone de tiempo, propóngales que trabajen nuevamente en parejas: cada uno dicta seis palabras a su compañero y, luego, comprueban juntos la ortografía.

6. Algunos nombres...

Diga cada nombre para dar el modelo de pronunciación.
Algunos de estos nombres tienen equivalentes en otros idiomas. Por ejemplo:
Elena es
Hélène en francés,
Helen en inglés.
Luis es
Louis en francés,
Luigi en italiano.

Otros son típicamente españoles, como Charo, Carmen; y otros son nombres vascos (Iñaki, Íñigo -Ignacio en castellano) o catalanes (Montserrat).

7. Observa la...

Llame la atención de la clase sobre el cuadro y coméntelo. Si resulta necesario, proporcione más ejemplos. Escríbalos en la pizarra y pida a los alumnos que los pronuncien.
• Bárbara, Fabián, Norberto, Blanca, David, Evaristo, Genoveva, Iván.
• Camila, Claudia, Cristian, Marcos, Héctor, Enrique, Raquel, Eustaquio.
• Araceli, Celestino, Fabricio, Azucena, Beatriz, Esperanza, Zoraida.
• Diego, Margarita, Gustavo, Guillermo.
• Ángeles, Eugenia, Josefa, Borja, Juan, Jimena, Jeremías.
• Amaya, Cayetano, Reyes, Yolanda.

5. Escucha y escribe las palabras en tu cuaderno.

yuca, frijoles.

Yuca, frijoles, chocolate, zapato, llama, ñandú, jaguar, cesta, naranja, rueda.

6. Algunos nombres españoles. ¿Existen los mismos en tu país?

a	**Armando**
b	**Blas**
c	**Carmen, Nico, Pascual, Cristina / Cecilia**
ch	**Charo**
d	**Domingo**
e	**Elena**
f	**Felipe**
g	**Gabriel, Gustavo, Gregorio / Guillermo, Miguel / Gema, Gilda**
h	**Hugo**
i	**Isabel**
j	**Julia**
k	**Iñaki**
l	**Luis**
ll	**Estrella**
m	**Marta**
n	**Natalia**
ñ	**Íñigo**
o	**Ofelia**
p	**Patricia**
q	**Quique**
r	**Ramón, Marta, Montserrat / Marina, Héctor**
s	**Sara**
t	**Tomás**
u	**Lucas**
v	**Verónica**
w	**Oswaldo**
x	**Roxana**
y	**Soraya / Eloy**
z	**Gonzalo**

7. Observa la ortografía.

b - v	Blas - Verónica
c + a/o/u/consonante - qu + e/i	Camilo, Cristina - Quique
c + e/i - z + a/o/u	Cecilia - Gonzalo
g + a/o/u/consonante - gu + e/i	Gabriel, Gregorio - Guillermo, Miguel
g + e/i - j + a/o/u/e/i	Gema, Gilda - Julia
i - y (final)	Isabel - Eloy
ll - y	Estrella - Amaya

8. ¿De dónde son estos chicos? El nombre y la ciudad terminan en el mismo sonido.

Concepción

Sara

José

Agustín

San José

Quito

Guadalajara

Asunción

Medellín

Benito

Susana

Lugo

La Habana

Cartagena

Barcelona

Montevideo

Hugo

Ramona

Elena

Amadeo

José es de San José.

Explique la mecánica del ejercicio con la ayuda del ejemplo. Luego, los alumnos pueden realizar la actividad:
• individualmente,
• todos juntos,
• en parejas (un alumno dice el nombre y su compañero indica la ciudad).

En las siguientes direcciones encontrará información y fotos de algunas de las ciudades mencionadas en la actividad.
• San José (capital de Costa Rica): http://www.infoweb.co.cr /galeria/sanjose/index.html
• Quito (capital de Ecuador): http://www.trama.com.ec/ paginas/fotqui.html
• Murcia (capital de la región de Murcia, España): http://www.murciaweb. com/Postales/step1.asp?c at_fldAuto=7
• Asunción (capital de Paraguay): http://www.canit.se/ ~carbar/
• Lugo (ciudad de Galicia, España): http://www.xeral-calde.org/images02/p03. html
• La Habana (capital de Cuba): http://www.cubanaweb. com/fotos.html

¡Hola!

1. Escucha y lee.

Carmen:	¡Hola!
Miguel:	¡Hola! ¿Cómo te llamas?
Carmen:	Me llamo Carmen, ¿y tú?
Miguel:	Me llamo Miguel.
Pablo:	Adiós.
Carmen:	Hasta luego.

1. Escucha y lee.

Esta actividad de audición/lectura permite establecer la relación fonema/grafema de cada palabra nueva y reforzar los contenidos introducidos en la unidad 0, páginas 10 y 11.

Miguel, uno de los personajes que aparece en la ilustración, es de tez morena, un rasgo físico que refleja tanto la diversidad racial de los países hispanoamericanos como la realidad multicultural española (en España hay muchos emigrantes hispanoamericanos).

Uso de los saludos y despedidas
• ¡Hola! Todo el día.
• ¡Buenos días! Por la mañana, hasta la comida.
• ¡Buenas tardes! Después de comer y hasta la cena.
• ¡Buenas noches! Después de cenar.
¡Hola! y ¡Adiós! pueden combinarse con cualquiera de los otros tres.

2. Elige un nombre...

Actividad de interacción en parejas de breve duración, en la que los alumnos van a poner en práctica los contenidos del ejercicio 1. Consiste en un cambio de identidad. Diga cada nombre para dar el modelo de pronunciación y deje que los estudiantes elijan el que más les guste.

SALUDAR
• ¡Hola!
• ¡Hola! ¿Qué tal?
• Buenos días.

12.00
¡Buenas tardes!

¡Buenos días!

¡Buenas noches!

07.00

DESPEDIRSE
• ¡Adiós!
• ¡Hasta luego!

PRESENTARSE
• ¿Cómo te llamas?
• Me llamo Sara, ¿y tú?
• Me llamo Julio.

2. Elige un nombre español y practica con tu compañero.

Chicos	Chicas
Julio	Natalia
Pedro	Sara
Armando	Silvia
Gabriel	Laura
Carlos	Susana

¡Hola! ¿Cómo te llamas?

Me llamo ...

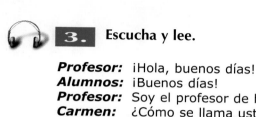

3. **Escucha y lee.**

Profesor:	¡Hola, buenos días!
Alumnos:	¡Buenos días!
Profesor:	Soy el profesor de historia.
Carmen:	¿Cómo se llama usted?
Profesor:	Me llamo Antonio Pérez.
	¿Y tú cómo te llamas?
Carmen:	Yo me llamo Carmen.
Miguel:	Y yo Miguel.

4. **Observa.**

¿Cómo te llamas?

Me llamo Carmen.

¿Cómo se llaman?

¿Cómo se llama usted?

Me llamo Antonio Pérez.

5. **Completa los diálogos en tu cuaderno con las formas del verbo _llamarse_.**

1. **Profesor:** ¿Cómo te llamas / te llamás ?
   Marta: Me llamo Marta.

2. **Pablo:** ¿Cómo se llama ?
   Profesora: Me llamo Emilia Ruiz.

3. **Profesor:** ¿Cómo os llamáis / se llaman ?
   Carmen: Yo me llamo Carmen y él se llama Armando.

4. **Miguel:** ¿Cómo se llaman ustedes?
   Profesor: Me llamo Juan Muñoz. Soy el profesor de inglés.
   Profesora: Me llamo Isabel Corral. Soy la profesora de matemáticas.

LLAMARSE

(Yo)	me llamo
(Tú)*	te llamas
(Usted/él/ella)	se llama
(Nosotros/as)	nos llamamos
(Vosotros/as)**	os llamáis
(Ustedes/ellos/ellas)	se llaman

* En Argentina y diversas zonas de América:
(Vos) te llamás

** No se usa en América Latina. Sólo se usa "ustedes".

3. **Escucha y lee.**

Aquí se introduce el tratamiento formal: *usted*. Se usa para hablar con adultos (que no son familiares ni amigos). Dirija la atención de la clase sobre el cuadro de conjugación y aclare que la forma *usted* va con el verbo en tercera persona del singular.

4. **Observa.**

Las formas vosotros/as y ustedes
Vosotros/as es el plural de *tú*, y *ustedes* es el plural de *vos* y *usted*.
En Hispanoamérica, Islas Canarias y Andalucía no se usa la forma *vosotros/as*, sino *ustedes* (+ verbo en tercera persona del plural).

5. **Completa los...**

La forma vos
En muchos países latinoamericanos se emplea la forma *vos* en lugar de la forma *tú*.

Según la zona hispanohablante, se pueden usar diferentes formas:
1. ¿Cómo te llamas?
¿Cómo te llamás?
3. ¿Cómo os llamáis?
¿Cómo se llaman?

Quince 15

1. Escucha y lee...

En este ejercicio de relacionar se presentan diferentes países del mundo. Después de la audición, plantee estas preguntas:
• ¿Qué países pertenecen a Europa? [España, Alemania, Italia, Portugal, Francia]
• ¿Qué país pertenece a África? [Marruecos]
• ¿Cuáles son los países americanos? [Brasil, México, Estados Unidos, Argentina, Chile, Cuba, Perú, Bolivia]

1. Escucha y lee el nombre de estos países.

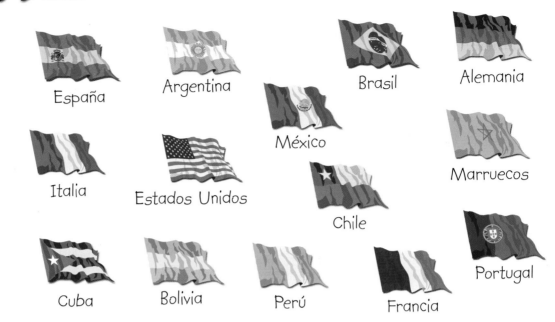

España
Argentina
Brasil
Alemania
México
Italia
Estados Unidos
Marruecos
Chile
Cuba
Bolivia
Perú
Francia
Portugal

2. Relaciona el...

Los países y las nacionalidades son muy fáciles de emparejar (empiezan por las mismas letras). Deje que trabajen de manera individual y que comparen luego sus respuestas con las de su compañero.

Antes de comentar el cuadro, anime a los alumnos a observar las formas de los gentilicios y pídales que las clasifiquen y deduzcan cómo se forma el femenino.

2. Relaciona el nombre de cada país con las nacionalidades.

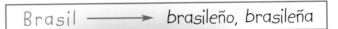

Brasil ⟶ brasileño, brasileña

Alemania
• alemán/alemana
Chile
• chileno/chilena
Marruecos
• marroquí/marroquí
Italia
• italiano/italiana
Perú
• peruano/peruana
Cuba
• cubano/cubana

• argentino/argentina
Argentina
• francés/francesa
Francia
• mexicano/mexicana
México
• español/española
España
• portugués/portuguesa
Portugal
• estadounidense/estadounidense
Estados Unidos
• boliviano/boliviana
Bolivia

Terminada en consonante: + **-a**
español > española
alemán > alemana

Terminada en -o: -o > **-a**
peruano > peruana
chileno > chilena

Terminada en -e/-í: no cambia
estadounidense ⟶ estadounidense
marroquí ⟶ marroquí

DECIR LA NACIONALIDAD
• ¿De dónde eres?
• Soy española. ¿Y tú?
• Soy mexicano.

3. Escucha y di si es **verdadero** o **falso**.

- Armando es boliviano.   V
- Tamara es cubana.   F
- Juan es mexicano.   V
- Marta es española.   V
- Manuel es argentino.   F

4. ¿Qué dicen...?

SER	
(Yo)	soy
(Tú)*	eres
(Usted/él/ella)	es
(Nosotros/as)	somos
(Vosotros/as)	sois
(Ustedes/ellos/ellas)	son

* En Argentina y diversas zonas de América: (Vos) sos

1

¡Hola! Me llamo María y soy mexicana.

2

¡Hola! Me llamo Dinio y soy cubano.

3

¡Buenos días! Me llamo Paola y soy italiana.

4

¡Hola! Me llamo Rafa y soy español.

5. **Ahora, con tu compañero imagina y representa la conversación entre Armando y Tamara y entre Marta y Manuel.**

¡Hola! ¿Cómo te llamas?

Me llamo...

¿De dónde eres?

Soy...

3. Escucha y di si es...

Antes de poner la graba-ción, deje que los alum-nos lean las cinco frases y pregúnteles a qué país corresponde cada nacio-nalidad.

4. ¿Qué dicen...?

Los alumnos han de for-mar oraciones usando la estructura *Soy* + naciona-lidad. La bandera les ayu-dará a saber de qué país se trata.

Consolidación
Pida a los alumnos que den un nombre a cada adolescente y construyan frases en tercera persona del singular. Ejemplo: *María es mexicana.*

5. **Ahora, con tu...**

Actividad de recopilación y consolidación: En pare-jas, los alumnos han de inventar un diálogo entre dos adolescentes reto-mando las estructuras estudiadas en la unidad: saludar, preguntar y dar el nombre, preguntar y dar la nacionalidad, des-pedirse.
Pídales que escriban los diálogos en su cuaderno y pase por las mesas para comprobar la corrección ortográfica. A continua-ción saque voluntarios para escenificar su con-versación.

Ampliación
Los alumnos vuelven a escribir el texto usando:
- ¿De qué país eres?
Soy + nacionalidad.
- ¿Y de qué ciudad?
- *Soy de* + ciudad.
Remítalos a los mapas que figuran en las pági-nas 6 y 7.

Si tiene alumnos de dife-rentes nacionalidades, anímelos a que repitan la actividad adaptándola a sus propias característi-cas.

Cumpleaños

1. Escucha la canción.

NÚMEROS

1-uno	11-once	21-veintiuno
2-dos	12-doce	22-veintidós
3-tres	13-trece	23-veintitrés
4-cuatro	14-catorce	24-veinticuatro
5-cinco	15-quince	25-veinticinco
6-seis	16-dieciséis	26-veintiséis
7-siete	17-diecisiete	27-veintisiete
8-ocho	18-dieciocho	28-veintiocho
9-nueve	19-diecinueve	29-veintinueve
10-diez	20-veinte	30-treinta
		31-treinta y uno

2. Sigue las series.

tres → cinco → siete → ¿ ... ? nueve

dos → cuatro → ocho → ¿ ... ? dieciséis

ocho → doce → dieciséis → ¿ ... ? veinte

3. Escucha y lee.

Marta: ¿Cuántos años tienes?
Pablo: Tengo doce años, ¿y tú?
Marta: Trece. ¿Y tú, Miguel?
Miguel: Trece también.
Carmen: Y yo tengo doce años, como Pablo.

4. Completa las frases con el verbo *tener*.

- Elena tiene doce años.
- (Tú) tienes trece años.
- Juan y Mario tienen once años.
- Nosotras tenemos once años.
- Usted tiene treinta años.
- (Yo) tengo diez años.

TENER

(Yo)	tengo
(Tú)*	tienes
(Usted/él/ella)	tiene
(Nosotros/as)	tenemos
(Vosotros/as)**	tenéis
(Ustedes/ellos/as)	tienen

* (Vos) tenés

** En América Latina no se usa "vosotros/as". Sólo se usa "ustedes".

5. Y tú, ¿cuántos años tienes?

---

1. Escucha la canción.

Ponga la canción las veces que resulten necesarias, motivando a la clase a cantar junto con la cinta mientras lee los números en el cuadro. Luego llame su atención sobre los números hasta 30 y subraye que se escriben en una sola palabra.

2. Sigue las series.

Pequeño juego sencillo de matemáticas. Después de la corrección, pida a los alumnos que inventen otros para proponérselos a sus compañeros.

3. Escucha y lee.

Este auditivo presenta las estructuras básicas para preguntar y decir la edad. Haga notar la conjugación irregular del verbo *tener*.

4. Completa las...

Deje que los estudiantes trabajen individualmente.

5. Y tú, ¿cuántos...

Pregunte su edad a varios alumnos. Luego, saque cuatro a la pizarra: dos de diez años (o de once) y dos de doce años (o de trece) y dígales que escenifiquen el diálogo de la actividad 3 con sus propias edades y nombres.

6. Observa el calendario: meses del año.

ENERO	FEBRERO	MARZO	ABRIL

MAYO	JUNIO	JULIO	AGOSTO

SEPTIEMBRE	OCTUBRE	NOVIEMBRE	DICIEMBRE

Lea el nombre de los meses y de los días de la semana para dar el modelo de pronunciación. Antes de poner la cinta, dé a los alumnos unos minutos para que se familiaricen con este nuevo vocabulario.

LOS DÍAS DE LA SEMANA

Lunes
Martes
Miércoles
Jueves
Viernes
Sábado
Domingo

Día de la Hispanidad: aniversario de la llegada de Colón a América el 12 de octubre de 1492.
En los países de Hispanoamérica se llama Día de la Raza.

7. Escucha y localiza las fechas.

Día de la Hispanidad.

- *Lunes 3 (tres) de marzo.*
- *Domingo 12 (doce) de octubre.*

8. Escucha y lee.

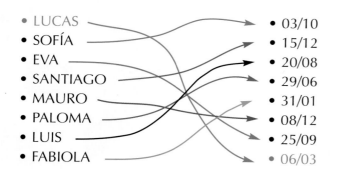

Pablo: Marta, ¿cuándo cumples años?
Marta: El veintidós de abril, ¿y tú?
Pablo: El trece de febrero.
Carmen: Pues yo cumplo trece años el dos de noviembre.
Miguel: Y yo cumplo catorce el treinta de julio.

HABLAR DE LA EDAD

- ¿Cuántos años tienes?
- Tengo once años.

- ¿Cuándo cumples años?
- El trece de junio.

9. Sigue las líneas y escribe frases como en los ejemplos.

- *El cumpleaños de Lucas es el seis de marzo.*
  Lucas cumple años el seis de marzo.

- LUCAS
- SOFÍA
- EVA
- SANTIAGO
- MAURO
- PALOMA
- LUIS
- FABIOLA

- 03/10
- 15/12
- 20/08
- 29/06
- 31/01
- 08/12
- 25/09
- 06/03

CUMPLIR

(Yo)	cumplo
(Tú)*	cumples
(Usted/él/ella)	cumple
(Nosotros/as)	cumplimos
(Vosotros/as)**	cumplís
(Ustedes/ellos/as)	cumplen

* (Vos) cumplís

** En América Latina no se usa "vosotros/as". Sólo se usa "ustedes".

10. Y tú, ¿cuándo cumples años?

Practica y Consolida

1. Habla con tu...

Actividad de interacción oral en parejas para consolidar la expresión de las fechas.
Antes de empezarla, si lo ve necesario, repase los números hasta 31.
• Escriba algunos en el aire con un dedo y pregunte a la clase cuál es.
• Pida a los estudiantes que cuenten de dos en dos (dos, cuatro, seis... y uno, tres, cinco...).

2. Observa y di los...

Solicite un voluntario para leer el nombre de las estaciones en voz alta.
Pase por las mesas para comprobar. Haga que los alumnos le enseñen sus respuestas usando la expresión ¿Está bien?

Consolidación
Pregunte: ¿En qué países es primavera cuando en España es otoño? [Brasil, Chile, Argentina, Uruguay, Paraguay, Perú...]

1. **Habla con tu compañero.**

A

Di estas fechas a tu compañero.
15 de agosto   25 de noviembre
18 de marzo   30 de enero

B

Escucha a tu compañero y localiza las fechas.
25/11   18/02   15/08   05/09
30/05   18/03   14/06   30/01

A

Ahora, escucha a tu compañero y localiza las fechas.
22/03   04/02   08/07   19/09
29/09   08/06   14/02   12/03

B

Ahora, di estas fechas a tu compañero.
8 de julio   22 de marzo
14 de febrero   29 de septiembre

2. **Observa y di los nombres de los meses en las estaciones del año en España (hemisferio norte).**

Hemisferio norte		Hemisferio sur
LA PRIMAVERA	→ 21/03 - 21/06 ←	EL OTOÑO
EL VERANO	→ 22/06 - 22/09 ←	EL INVIERNO
EL OTOÑO	→ 23/09 - 20/12 ←	LA PRIMAVERA
EL INVIERNO	→ 21/12 - 20/03 ←	EL VERANO

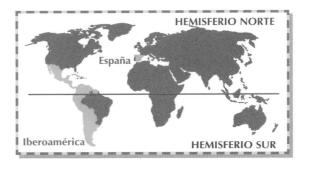

3. a. **Lee.**

María y Mauro son dos estudiantes como tú. María es española, vive en Zaragoza y tiene trece años. Mauro es argentino, tiene doce años y vive en Córdoba.
María y Mauro cumplen años en diciembre, María el día quince y Mauro el día diez.
Los regalos de cumpleaños son:
- Para María, una semana de esquí en la estación de Andorra (porque en España es invierno) y un libro de su signo del Zodiaco, Sagitario.
- Para Mauro, una tabla de *surf* (en Argentina es verano) y una semana en la playa.

SIGNOS DEL ZODIACO

1. ARIES
2. TAURO
3. GÉMINIS
4. CÁNCER
5. LEO
6. VIRGO
7. LIBRA
8. ESCORPIO
9. SAGITARIO
10. CAPRICORNIO
11. ACUARIO
12. PISCIS

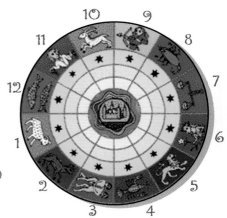

b. Contesta.

- ¿Qué vacaciones prefieres, las de invierno de María o las de verano de Mauro?
- ¿De qué mes eres?
- ¿Qué signo del Zodiaco eres?

> Soy del mes de abril y soy Aries.

4. Cinco de los nombres de los días de la semana vienen de los planetas: ¿cuáles?

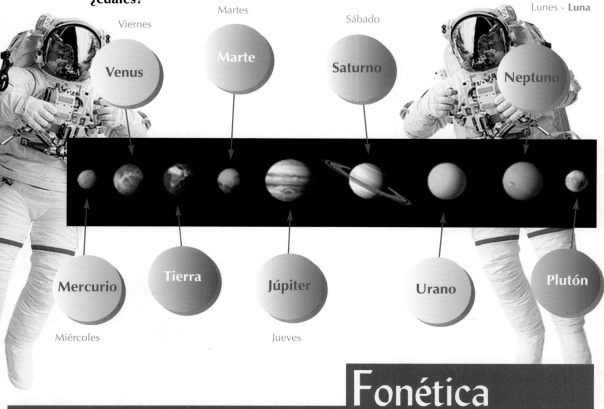

Martes

Viernes

Sábado

Lunes - **Luna**

Venus

Marte

Saturno

Neptuno

Mercurio

Tierra

Júpiter

Urano

Plutón

Miércoles

Jueves

3. a Lee.

En este ejercicio se retoman algunos contenidos ya vistos para que los estudiantes puedan manejarlos en contextos diferentes. Deje que se familiaricen con el texto individualmente. Luego pida a dos que lo lean en voz alta. Resuelva las dudas de vocabulario. Por ejemplo, para explicar *regalo* puede hacer un dibujo en la pizarra. Llame la atención de la clase sobre el mapa y pregunte en qué hemisferio están España y Argentina.

Consolidación
Dicte el texto.

4. Cinco de los...

- Lunes viene del latín *Lunae dies*: "día de la Luna" (asimilada a la diosa Diana).
- Martes viene del latín *Martis dies*: "día de Marte (dios de la guerra).
- Miércoles viene del latín *Mercurii dies*: "día de Mercurio (dios de los viajeros).
- Jueves viene del latín *Jovis dies*: "día de Júpiter (dios del universo).
- Viernes viene del latín *Veneris dies*: "día de Venus" (diosa de la belleza). Estos dioses dieron sus nombres a los planetas.
- Sábado viene del hebreo y significa "día de descanso". Pero recuérdeles que en inglés es *saturday* (el día de Saturno).
- Domingo viene del latín *dies dominicus*: "día del señor".

Fonética

SIGNOS DE PUNTUACIÓN

 1. Escucha y repite.

- ¡Hola!
- ¡Buenos días!
- ¡Adiós!
- ¿Qué tal?
- ¿Cómo te llamas?
- ¿De dónde eres?

> Observa:
> - Las frases interrogativas llevan ¿?
> - Las frases exclamativas llevan ¡!

 2. Escucha. ¿Qué frase es interrogativa o exclamativa?

Ver transcripción página 110 Fonética.

 3. Escucha de nuevo y escribe las frases.

España

El geranio

El país tiene una superficie de 504.782 kilómetros cuadrados y cuarenta millones de habitantes.

Está dividido en diecisiete comunidades autónomas y dos son archipiélagos: las Islas Baleares, en el mar Mediterráneo, y las Islas Canarias, en el océano Atlántico.

El idioma oficial es el español (o castellano), pero también el catalán (en Cataluña), el gallego (en Galicia) y el euskera (en el País Vasco).

El euro es la moneda de la Unión Europea desde el 1 de enero de 2002.

FRANCIA
Santiago de Compostela
ESPAÑA
Barcelona
Ávila • Madrid
• Toledo
Valencia
Islas Baleares
Océano Atlántico
PORTUGAL
Córdoba • Jaén
Ronda • Granada
• Málaga
Mar Mediterráneo
Tenerife
Islas Canarias

Euro.

el pan
el salchichón
el queso
el jamón
el chorizo

Los molinos de viento. Consuegra. TOLEDO.

La Catedral de la Sagrada Familia. BARCELONA.

Cultivo de naranjos. VALENCIA.

La Mezquita. CÓRDOBA.

El Patio de los Leones. La Alhambra.

La Alhambra. GRANADA.

El Teide. Tenerife. ISLAS CANARIAS.

mochila

La Basílica de Santiago de Compostela. LA CORUÑA.

Cultivo de olivos. JAÉN.

El Palacio Real. MADRID.

La Fuente de La Cibeles. MADRID.

Las murallas. ÁVILA.

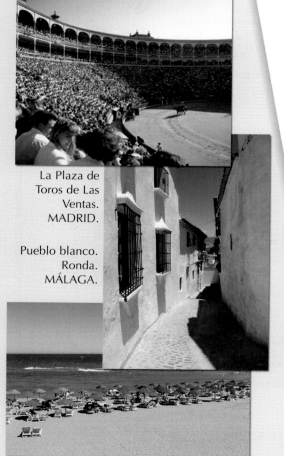

La Plaza de Toros de Las Ventas. MADRID.

Pueblo blanco. Ronda. MÁLAGA.

Playa de la Costa del Sol. MÁLAGA.

Documentos

Ramón Gómez de la Serna: escritor español del siglo XX. Nace en Madrid. Vive y muere en Buenos Aires (Argentina).

Inventa las "greguerías", textos muy cortos humorísticos. Hablan de objetos o animales de forma surrealista. El autor las define así:

50% de humorismo + 50% de metáfora.

La ñ es la n con bigote.

La q es la p que vuelve de paseo.

El café con leche es una bebida mulata.

La jirafa es una grúa que come hierba.

El más pequeño ferrocarril del mundo es la oruga.

CHIC@S en la red

Tu amigo Pablo cumple hoy 12 años.
Mándale una tarjeta virtual de felicitación.

- Escribe www.postales.com
- Elige una postal, escribe tu mensaje.
- Mándala a chicos-chicas@edelsa.es

Querido/Querida...
Hoy, ... de mayo, cumples ... años.
¡Muchas felicidades!/¡Feliz cumpleaños!/¡Felicidades!
Besos./Un abrazo.

FICHA RESUMEN

COMUNICACIÓN

• Saludar
¡Hola! ¿Qué tal?
¡Buenos días!
¡Buenas tardes!
¡Buenas noches!
• Preguntar y decir el nombre
¿Cómo te llamas?
Me llamo Carmen, ¿y tú?
• Preguntar y decir la edad
¿Cuántos años tienes?
Doce.
¿Cuándo cumples años?
El quince de julio.

• Despedirse
Adiós.
Hasta luego.

• Preguntar y decir la nacionalidad
¿De dónde eres?
Soy español.
• Decir fechas
Lunes tres de marzo.

GRAMÁTICA

• Los interrogativos
¿Cómo? ¿Cuántos? ¿Cuándo? ¿Qué? ¿De dónde...?
• Adjetivos de nacionalidad: masculino/femenino
español/española; italiano/italiana; marroquí/marroquí.
• Los pronombres sujeto
Yo, tú/vos, usted, él/ella, nosotros/as, vosotros/as, ustedes, ellos/ellas.
• Los pronombres reflexivos
Me, te, se, nos, os, se.
• Tú/usted
¿Cómo te llamas?
¿Cómo se llama?
• Presente de indicativo
Llamarse, ser, tener, cumplir.

VOCABULARIO

• Países y nacionalidades
España (español/española), Argentina (argentino/argentina), Francia (francés/francesa)...
• Los números hasta 31
Uno, dos, tres, cuatro, cinco...
• Los días, los meses y las estaciones
Lunes, martes, miércoles...
Enero, febrero, marzo...
El invierno, la primavera, el verano y el otoño.

2 Unidad

En el aula

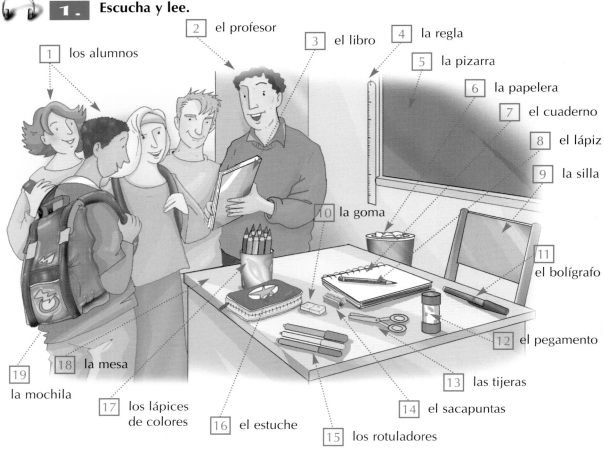

🎧 **1.** Escucha y lee.

- 1 los alumnos
- 2 el profesor
- 3 el libro
- 4 la regla
- 5 la pizarra
- 6 la papelera
- 7 el cuaderno
- 8 el lápiz
- 9 la silla
- 10 la goma
- 11 el bolígrafo
- 12 el pegamento
- 13 las tijeras
- 14 el sacapuntas
- 15 los rotuladores
- 16 el estuche
- 17 los lápices de colores
- 18 la mesa
- 19 la mochila

1. Escucha y lee.

Este primer ejercicio se centra en un tema muy próximo a los estudiantes, el material escolar y los elementos del aula: seguramente les resultará divertido comparar su nombre en español con el que tienen en su lengua materna, pues son objetos que usan a diario. Dé el modelo de pronunciación de las palabras y deje unos minutos a los alumnos para que se familiaricen con ellas.

Consolidación
Muestre algunos objetos (suyos o de los alumnos) preguntando *¿Qué es esto?* [*Es un/una... Son unos/unas...*]

2. Escucha y di los...

Para hacer esta actividad más motivadora, preséntela a modo de concurso: los alumnos esconden las palabras del ejercicio 1 excepto la primera letra (como ayuda) y contestan por escrito en su cuaderno.

3. Clasifica en tu...

Ejercicio individual de observación.

Consolidación
Pregunte:
• ¿Qué palabras tienen un género diferente en español y en vuestro/su idioma? Escríbalas en la pizarra y anime a los alumnos a copiarlas en su cuaderno subrayando el artículo.
• ¿Qué palabras se parecen mucho a palabras en vuestro/su idioma y significan lo mismo? Al ser «transparentes», los alumnos las memorizarán más fácilmente.

🎧 **2.** Escucha y di los nombres.

Ver transcripción página 110.

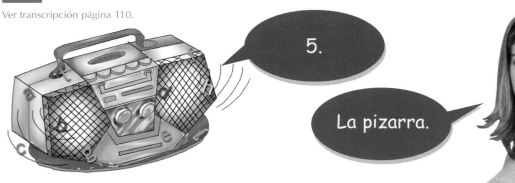

5.

La pizarra.

3. Clasifica en tu cuaderno las palabras del ejercicio 1.

• el/un	• la/una	• los/unos	• las/unas
el/un estuche el/un profesor el/un libro el/un cuaderno el/un lápiz el/un bolígrafo el/un pegamento el/un sacapuntas	la/una regla la/una pizarra la/una papelera la/una silla la/una goma la/una mesa la/una mochila	los/unos rotuladores los/unos alumnos los/unos lápices de colores	las/unas tijeras

LOS ARTÍCULOS DETERMINADOS

	masculino	femenino
singular	el libro	la regla
plural	los alumnos	las mesas

LOS ARTÍCULOS INDETERMINADOS

	masculino	femenino
singular	un libro	una regla
plural	unos alumnos	unas mesas

4. Observa las palabras del ejercicio 1 y señala la respuesta correcta.

- Las palabras terminadas en **-o** son
- Las palabras terminadas en **-a** son
- Las palabras terminadas en **-or** son

Masculinas	Femeninas
X	
	X
X	

5. Observa.

EL PLURAL	
Singular	**Plural**
palabras terminadas en vocal *cuaderno, libro, mesa, silla*	+ -s *cuadernos, libros, mesas, sillas*
palabras terminadas en consonante *rotulador, español*	+ -es *rotuladores, españoles*
-z *lápiz*	-z > -ces *lápices*
El sacapuntas > *Los sacapuntas* *Las tijeras: siempre en plural.*	

6. Di el plural de estas palabras.

- la mochila
  las mochilas
- un estuche
  unos estuches
- el profesor
  los profesores
- una regla
  unas reglas
- el bolígrafo
  los bolígrafos
- una profesora
  unas profesoras

7. Mira la foto.
¿Qué tiene Pablo?

¿Verdadero o falso?

- Dos reglas.   F
- Tres rotuladores.   F
- Cuatro libros.   F
- Un compás.   V
- Unos lápices.   V
- Unos bolígrafos.   V
- Unas tijeras.   V
- Tres gomas.   F
- Un sacapuntas.   F
- Un cuaderno.   V
- Un ordenador.   V

4. Observa las...

Deje que los alumnos trabajen individualmente y saquen sus conclusiones.

Haga las siguientes aclaraciones:
- *Día, planeta* y *mapa* son excepciones (terminan en -a pero son masculinas).
- *Foto* es femenina (termina en -o pero es la abreviación de *fotografía*).
- *El aula*. Es femenina pero, en singular, se usa el artículo masculino *el/un* porque empieza por una *a* tónica. En plural se dice *las/unas aulas*.

Ampliación
- Son femeninas las palabras en *-ción* y *-ad*. Anime a los alumnos a que busquen algunas en su libro (lecciones 0, 1 y 2). [*Canción, estación...; edad, ciudad, actividad, nacionalidad...*]
- Las palabras en -e pueden ser masculinas o femeninas. [*El nombre, el chocolate, el ocelote, el estuche...; la frase, la consonante, la tilde...*]

5. Observa.

Ayude a los alumnos a formular la regla. Si resulta necesario proporcione más ejemplos (use palabras de las lecciones anteriores):
También puede indicar que las palabras terminadas en *-ción* y en *-és* pierden el acento en plural: *ilustración/ilustraciones, lección/lecciones, francés/franceses...*

7. Mira la foto.

Plantee la actividad a modo de juego: los alumnos observan la foto durante unos minutos y, luego, la esconden con una hoja y contestan de memoria.
También pueden trabajar en parejas: un alumno dice las frases y su compañero contesta, con el libro cerrado.

Ampliación
Proporcione este vocabulario: *el ordenador portátil, el microscopio, el globo terráqueo, el archivador, la pluma*.

1. Escucha la canción de los colores.

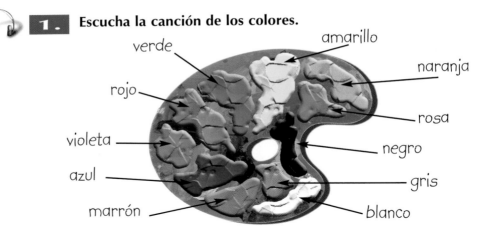

verde — amarillo — naranja — rojo — rosa — violeta — negro — azul — gris — marrón — blanco

2. Observa las camisetas de los equipos de fútbol.
a. Contesta a las preguntas.

Barcelona, Selección Española, Atlético de Madrid, Boca Juniors, Deportivo de La Coruña, Real Madrid, Roma, Betis, Selección Brasileña, River Plate, Selección Italiana, Celtic de Glasgow

• ¿De qué color es la camiseta del Boca Juniors? Azul y amarilla.
• ¿Qué camisetas tienen los mismos colores? Celtic de Glasgow - Betis y Atlético de Madrid - River Plate.

b. Habla con tu compañero.

A	B
• Verde y blanco.	• Es el Betis o el Celtic de Glasgow.

3. Observa.

Masculino	Femenino
-o	-o > -a
negro blanco amarillo	negra blanca amarilla
verde azul marrón rosa - naranja - violeta	

Singular	Plural
Consonante	+ -es
azul gris marrón	azules grises marrones
Vocal	-s
verde rojo violeta rosa	verdes rojos violetas rosas

4. Escribe en tu cuaderno frases como en el ejemplo.

Un lápiz azul.
Unos rotuladores negros.

mochilas   cuadernos   regla
                          papelera
                          rotuladores

libro

sillas

estuche   lápiz   cuaderno   bolígrafos

Unas mochilas marrones.
Unos cuadernos blancos.
Una regla roja.
Una papelera amarilla.
Unos bolígrafos violeta.
Un cuaderno naranja.
Un estuche verde.
Unas sillas rosa.
Un libro gris.

4. Escribe en tu...

Anime a los alumnos a que lean varias veces el nombre de los colores (ejercicio 1) y luego tapen el vocabulario y el cuadro del ejercicio 3 con su cuaderno y hagan el ejercicio de memoria. Si comprueba dificultades, deje que trabajen en parejas.

5. a. Escucha y lee.

5. Escucha y lee.

A partir de ahora, motive a los alumnos para dirigirse a usted en español usando estas expresiones

¿Cómo se dice 15 en español?

¿Cómo se escribe?

Se dice "quince".

¿Puede repetir, por favor?

¿Está bien así?

¿Qué página es?

¿Qué significa "verde"?

¿"Hola"?
Hache, o, ele, a.

Amarillo.
Amarillo.

No, no, "verde" se escribe con uve.

Página 29.

Es un color.

b. Ahora, escucha al profesor y relaciona las frases con las ilustraciones.

2 Unidad

Plan de trabajo

1. **a.** Escucha a Carmen y a Pablo y lee la agenda.

1. Escucha a Carmen...

La lección está dedicada al Presente de indicativo (las tres conjugaciones). Este tiempo se introduce de forma muy progresiva: primero los infinitivos, luego formas conjugadas (*nosotros*) y, por fin, un cuadro de conjugación y ejercicios de dificultad graduada.

Los alumnos ya conocen algunos de estos verbos, pues aparecen en las instrucciones de los ejercicios: *leer, responder, conjugar*.

Escriba estos siete infinitivos en la pizarra y pida a la clase que clasifique los verbos según su terminación: *-ar, -er, -ir*.

> **Miércoles 15** **de Octubre**
>
> lengua y literatura:
> .Leer texto página 30
> .Describir la foto.
> .Aprender la poesía página24
>
> .Responder a las preguntas 3 y 4.
>
> Inglés:
> .Hacer ejercicio 2 página 29.
> .Conjugar To Be en presente indicativo.
>
> .Geografía:
> .Dibujar el mapa de España.

b. **Lee de nuevo la agenda y relaciona.**

Leer • • la foto.
Describir • • a las preguntas.
Aprender • • el ejercicio.
Responder • • el texto.
Hacer • • la poesía.
Conjugar • • el mapa.
Dibujar • • el verbo.

2. Escucha y señala...

Explique a los estudiantes la mecánica de la actividad: van a escuchar a cuatro chicos explicar sus

2. **Escucha y señala quién habla.**

2

Hablamos, escuchamos casetes, describimos fotos. ¡Trabajamos mucho!

1

Y también cantamos, recitamos poesías, conjugamos verbos, hacemos ejercicios.

3

4

1

Leemos y escribimos textos, dibujamos, aprendemos canciones.

actividades del aula y tienen que indicar los textos correspondientes a cada uno.
Corrija remitiendo a los alumnos a la transcripción de las páginas 110 y 111.

4

Respondemos a las preguntas del profesor. ¡Y hacemos exámenes!

3. Observa el Presente de Indicativo. En español, hay tres grupos de verbos: en -ar, en -er y en -ir.

	VERBOS REGULARES			VERBO IRREGULAR
	HABLAR	RESPONDER	ESCRIBIR	HACER
(Yo)	hablo	respondo	escribo	hago
(Tú)*	hablas	respondes	escribes	haces
(Usted/él/ella)	habla	responde	escribe	hace
(Nosotros/as)	hablamos	respondemos	escribimos	hacemos
(Vosotros/as)	habláis	respondéis	escribís	hacéis
(Ustedes/ellos/ellas)	hablan	responden	escriben	hacen
* (Vos)	hablás	respondés	escribís	hacés

En algunos países de América Latina.

4. Indica el infinitivo de los verbos del ejercicio 2.

Escuchamos > escuchar

leemos - leer
escribimos - escribir
dibujamos - dibujar
aprendemos - aprender
hablamos - hablar
escuchamos - escuchar
describimos - describir

trabajamos - trabajar
cantamos - cantar
recitamos - recitar
conjugamos - conjugar
hacemos - hacer
respondemos - responder

5. Escucha e indica la persona.

Trabajas.

Tú.

2. Leen: ellos/as.
3. Respondo: yo.
4. Escribís: vosotros/as.
5. Aprenden: ellos/as.
6. Describe: él/ella.
7. Respondemos: nosotros/as.
8. Escribimos: nosotros/as.
9. Hacéis: vosotros/as.
10. Recitas: tú.
11. Describen: ellos/as.
12. Haces: tú.

6. Conjuga los verbos.

	1	2	3	4	5
a	hacer ejercicios	dibujar mapas	recitar una poesía	describir una foto	responder a las preguntas **del** profesor
b	escribir un texto	aprender la lección	escuchar **al** profesor	leer un texto	conjugar los verbos

yo/a3   *Recito una poesía.*

- tú/b5
conjugas los verbos
- él/b2
aprende la lección
- ustedes/a2
dibujan mapas

- nosotros/a5
respondemos a las preguntas del profesor
- yo/a1
hago ejercicios
- vosotros/b4
leéis un texto
- ellas/b3
escuchan al profesor

- usted/a4
describe una foto
- yo/a5
respondo a las preguntas del profesor
- vosotros/b1
escribís un texto

- usted/b4
lee un texto

de + el > del
a + el > al

7. ¿Cuáles son tus actividades de clase preferidas?

Mis actividades preferidas son leer textos...

1. De dos en dos.

a. Con tu compañero, encuentra siete formas verbales en esta sopa de letras.

T	R	G	E	E	T	I	N	H	P	B
E	C	R	M	S	E	X	I	A	A	E
N	L	E	G	C	P	E	R	B	A	S
G	I	Y	Y	U	U	S	Y	L	J	C
O	L	H	A	C	E	X	P	Á	Ñ	R
V	E	J	P	H	R	U	A	I	A	I
L	E	O	U	A	A	N	A	S	K	B
A	O	B	O	S	I	V	I	A	N	E
C	D	N	G	T	G	I	L	Q	S	N
C	O	N	J	U	G	A	M	O	S	L

1. b. Ahora...

Trabajo individual.

Presente el ejercicio a modo de concurso. Indique a los alumnos que pueden escribir al menos 15 frases. Motívelos para que las encuentren en un tiempo máximo de diez minutos.

Tengo una mochila verde / bolígrafos negros.
Escuchas el casete / una canción.
Lee una poesía / un texto / el ejercicio 5 / los verbos.
Hace un examen / los deberes / el ejercicio 5.
Conjugamos los verbos.
Habláis con la profesora / inglés y español.
Escriben una canción / un texto / una poesía.

b. Ahora, relaciona los verbos del ejercicio a con estas expresiones y escribe las frases.

Conjugar
Escribir
Hacer
Tener
Leer
Hablar
Escuchar

Tengo una mochila verde

escuchas
una canción

lee
un texto

lee
una poesía

hace
los deberes

habláis
con la profesora

conjugamos
los verbos

escriben
el ejercicio 5

hace
un examen

habláis
inglés y español

escuchas
el casete

tengo
una mochila verde

tengo
bolígrafos negros

2. Relaciona.

TÚ
haces

USTED
lee

TÚ
cantas

USTED
escucha

TÚ
aprendes

TÚ
escuchas

USTED
responde

USTED
canta

TÚ
vives

USTED
hace

USTED
escribe

USTED
vive

hablas

USTED
aprende

TÚ
lees

TÚ
escribes

USTED
habla

TÚ
respondes

TÚ

USTED

2. Relaciona.

El objetivo de este ejercicio es discriminar las formas *tú* y *usted*. Haga que los alumnos las observen y deduzcan la diferencia (forma *usted* = forma *tú* menos -s).

Fonética

ACENTUACIÓN DE LAS PALABRAS

1. Escribe estas palabras en tu cuaderno. Separa las sílabas.
2. Escucha y rodea la sílaba acentuada.

- pro / fe / **sor**
- **a** / ños
- bo / **li** / gra / fos
- mo / **chi** / la
- **Car** / men
- **nú** / me / ro
- es / **tu** / che
- es / cu / **cha** / mos
- e / **dad**
- cua / **der** / no
- **lá** / piz
- e / **xá** / me / nes

> La sílaba tónica puede ser la última (edad), la penúltima (estuche) o la antepenúltima (número).

3. Pronuncia estas palabras. Luego, escucha y comprueba.

- español
- América
- nosotros
- Perú
- ustedes
- usted
- trece
- veintidós
- junio
- agosto
- tenemos
- sábado
- hola
- profesor
- México

México

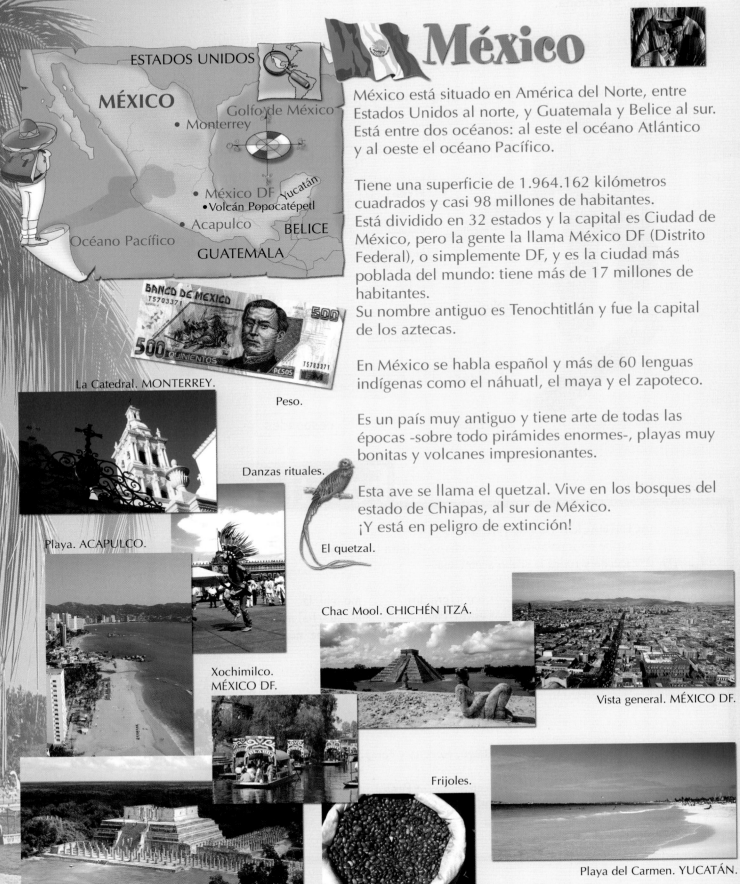

México está situado en América del Norte, entre Estados Unidos al norte, y Guatemala y Belice al sur. Está entre dos océanos: al este el océano Atlántico y al oeste el océano Pacífico.

Tiene una superficie de 1.964.162 kilómetros cuadrados y casi 98 millones de habitantes.
Está dividido en 32 estados y la capital es Ciudad de México, pero la gente la llama México DF (Distrito Federal), o simplemente DF, y es la ciudad más poblada del mundo: tiene más de 17 millones de habitantes.
Su nombre antiguo es Tenochtitlán y fue la capital de los aztecas.

En México se habla español y más de 60 lenguas indígenas como el náhuatl, el maya y el zapoteco.

Es un país muy antiguo y tiene arte de todas las épocas -sobre todo pirámides enormes-, playas muy bonitas y volcanes impresionantes.

Esta ave se llama el quetzal. Vive en los bosques del estado de Chiapas, al sur de México.
¡Y está en peligro de extinción!

ESTADOS UNIDOS

MÉXICO

Golfo de México

• Monterrey

• México DF   Yucatán
• Volcán Popocatépetl

• Acapulco   BELICE

Océano Pacífico   GUATEMALA

La Catedral. MONTERREY.

Peso.

Danzas rituales.

El quetzal.

Playa. ACAPULCO.

Xochimilco. MÉXICO DF.

Chac Mool. CHICHÉN ITZÁ.

Vista general. MÉXICO DF.

Frijoles.

El Templo de los Guerreros. CHICHÉN ITZÁ.

Playa del Carmen. YUCATÁN.

Catedral. MÉXICO DF.

Artesanía.

El Zócalo. MÉXICO DF.

mochila

Choclo.

Torre Caballito. MÉXICO DF.

Clavados. ACAPULCO.

Los voladores de Chapultepec. MÉXICO DF.

Mariachis.

El volcán Popocatépetl.

Mural.

Tlapalería.

Vendedor ambulante.

El Palacio de Bellas Artes. MÉXICO DF.

Documentos

Mitología azteca (México)
Dos dioses hermanos crean el mundo, la humanidad y luego luchan entre sí:
• Tonacatecutli (El Sol)
• Tonacacíhuatl (La Luna), padres de todos los dioses posteriores.

- Quetzalcóatl ("la Serpiente Emplumada")
Dios del agua, de la vida, del viento, de la agricultura. Considerado como el dios más importante.
- Tezcatlipoca
Dios de las cosas nefastas y de los conflictos.

• Otras divinidades:
- Huitzilopochtli
Dios solar y guerrero, hijo de Quetzalcóatl y Coatlicue.
- Coatlicue
Dios de la tierra.
- Tlaloc
Dios de la lluvia y el rayo.

"Dicen que Quetzalcóatl fue quien creó el mundo y lo llaman Dios del viento porque dicen que Tonacatecutli, cuando le pareció bien, sopló y nació así Quetzalcóatl."
Códice Telleriano-Remensis.

CHIC@S en la red

Visita la página de los alumnos del
Instituto Antonio Gaudí de Barcelona.

Instituto Antonio Gaudí

Somos los alumnos del Instituto Gaudí de Barcelona.
Tenemos clases de lunes a viernes: por las mañanas de nueve y media a una y media, y por las tardes de tres a cinco.
Este año, el curso empieza el 15 de septiembre y termina el 23 de junio.
En Navidades tenemos vacaciones del 23 de diciembre al 7 de enero. También tenemos vacaciones los días de Carnaval (11 y 12 de febrero) y en Semana Santa (del 7 al 16 de abril).
Y, claro, tenemos vacaciones en verano: de finales de junio al 15 de septiembre. ¡Más de dos meses!

Situación

Gimnasio

Biblioteca

Aula de informática

Laboratorio de idiomas

Comedor

Anuncios

Actividades extraescolares

e-mail

Antonio Gaudí (1852-1926), arquitecto catalán.
Sus principales obras son:

La Sagrada Familia.

La Pedrera.

El Parque Güell.

1. Y tú,
- ¿cuándo empiezas y terminas las clases?
- ¿qué días tienes clase?
- ¿cuándo tienes vacaciones?
2. ¿Qué horario prefieres, tu horario o el del Instituto Gaudí?
3. Escribe la página *web* de tu instituto.

FICHA RESUMEN

COMUNICACIÓN

- Hablar del material escolar
Tengo una mochila verde.
- Presentar las actividades del aula
Leemos textos. Aprendemos canciones.
- Recursos para la comunicación en el aula
¿Cómo se escribe? ¿Qué significa «mochila»?

GRAMÁTICA

- Interrogativos
¿Cuáles?
- Los artículos determinados e indeterminados
el/la, los/las.
un/una, unos/unas.
- El género de los nombres
Palabras en -o, -a, -or.
- El plural de los nombres
cuaderno/cuadernos; rotulador/rotuladores; lápiz/lápices.
- Los colores: masculino/femenino; singular/plural
negro/negra; azul/azul; rosa/rosa...
verde/verdes, azul/azules, marrón/marrones...
- Contracciones
a + el > al
de + el > del
- Las tres conjugaciones: verbos en *-ar*, en *-er* y en *-ir*
Hablar, responder, escribir.
- El presente de indicativo
Verbos regulares.
Hacer.

VOCABULARIO

- El material escolar
El libro, la regla, el bolígrafo...
- Actividades del aula
Leer textos, escribir, hacer exámenes...
- Los colores
Blanco, azul, verde...

Vida cotidiana

1. Observa.

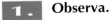

PREGUNTAR Y DECIR LA HORA

- ¿Qué hora es?
  ¿Tienes hora?
- (Son) Las dos y media.

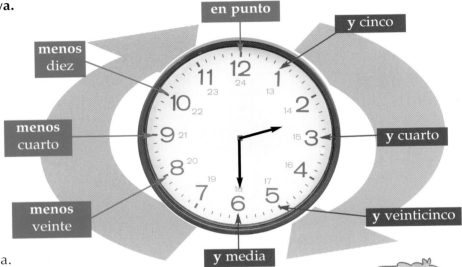

en punto

y cinco

menos diez

menos cuarto

y cuarto

menos veinte

y veinticinco

y media

- Es la una.
- Son las dos y cinco.
- Son las tres y cuarto.
- Son las diez menos diez.
- Son las nueve menos cuarto.
- Son las siete y media.
- Son las ocho menos veinticinco.
- Son las cinco y veinte.

Son las dos y media.

---

1. Observa.

Comente la expresión de la hora haciendo hincapié en los recuadros verdes y rojos y en el uso obligatorio del artículo definido: la una, las dos y diez... Dibuje ocho relojes sin agujas en la pizarra y solicite un voluntario: sus compañeros le dirán las horas y él dibujará las manillas.

2. Escucha e indica...

Antes de poner la cinta, deje unos minutos a la clase para que observe los relojes.
Después de la corrección, remita a los alumnos a la transcripción de la página 111 y pida a cuatro (dos chicos y dos chicas) que lean el texto de forma expresiva.

3. Habla con tu...

El primer alumno lee las horas del ejercicio 1 y su compañero busca el reloj correspondiente entre los de la actividad 2.

4. Calcula e indica...

Actividad destinada a desarrollar la agilidad mental.

Consolidación
Anime a los alumnos a que, en parejas, escriban más frases para sus compañeros.

2. Escucha e indica los relojes.

a — 2

b — 3

c — 5

d — 6

e — 1

f — 7

g — 4

h — 2

3. Habla con tu compañero.

A

Di una hora del ejercicio 1 a tu compañero.

B

Escucha a tu compañero e indica el reloj.

4. Calcula e indica las horas.

- Las tres y media más veinte minutos son... las cuatro menos diez.
- Las seis menos diez más quince minutos son... las seis y cinco.
- Las ocho y cuarto más treinta minutos son... las nueve menos cuarto.
- La una y cinco menos veinticinco minutos es... la una menos veinte.
- Las diez menos diez más un cuarto de hora son... las diez y cinco.

¿....?

5. Observa. EL PRESENTE DE INDICATIVO.

	Verbos con pronombre
	LEVANTARSE
(Yo)	me levanto
(Tú)*	te levantas
(Usted/él/ella)	se levanta
(Nosotros/as)	nos levantamos
(Vosotros/as)	os levantáis
(Ustedes/ellos/ellas)	se levantan
*(Vos)	te levantás

En algunos países de
América Latina

VERBOS IRREGULARES		
DECIR	**IR**	**SALIR**
digo	voy	salgo
dices	vas	sales
dice	va	sale
decimos	vamos	salimos
decís	vais	salís
dicen	van	salen
decís	vas	salís

VERBOS IRREGULARES			
O > UE	U > UE	E > IE	E > I
VOLVER	**JUGAR**	**EMPEZAR**	**VESTIRSE**
vuelvo	juego	empiezo	me visto
vuelves	juegas	empiezas	te vistes
vuelve	juega	empieza	se viste
volvemos	jugamos	empezamos	nos vestimos
volvéis	jugáis	empezáis	os vestís
vuelven	juegan	empiezan	se visten
volvés	jugás	empezás	te vestís

(Yo)
(Tú)*
(Usted/él/ella)
(Nosotros/as)
(Vosotros/as)
(Ustedes/ellos/ellas)

*(Vos)

5. Observa.

Haga notar a los estudiantes que estas alteraciones vocálicas sólo se producen cuando la *o*, la *u* o la *e* son tónicas. (Las formas *volvemos*, *volvéis*, *volvés*/ *jugamos*, *jugáis*, *jugás* / *empezamos*, *empezáis*, *empezás* / *vestimos*, *vestís* son regulares porque la *o*, la *u* y la *e* son átonas.)

6. Lee el texto...

Trabajo individual y silencioso: los alumnos leen el texto y escriben en su cuaderno las horas a las

6. Lee el texto. Di lo que hace Marta y a qué hora.

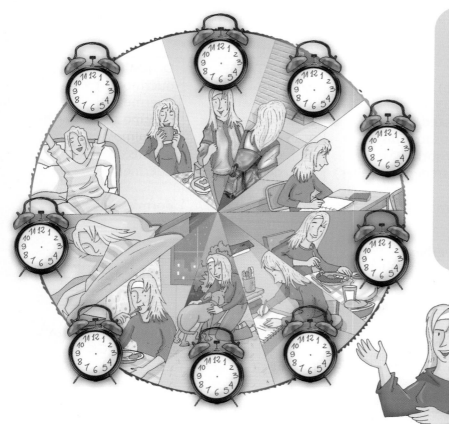

Todos los días me levanto a las siete y cuarto de la mañana. Me lavo, me visto y tomo el desayuno. Salgo de mi casa a las ocho. Voy al instituto caminando y llego a las ocho y veinte. Empiezo las clases a las ocho y media. Vuelvo a casa y como a las dos y cuarto. Hago los deberes a las cuatro. A las cinco meriendo y juego con mi perro y con mis amigos. Ceno a las nueve menos cuarto y me acuesto a las diez de la noche.

que Marta realiza cada actividad ilustrada. Corrección: los alumnos han de poner el texto en tercera persona del singular: *Todos los días Marta se levanta...*

Consolidación
Motive a algunos alumnos para que lean el texto en alto.

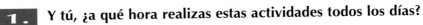

Practica y Consolida

1. Y tú, ¿a qué hora...

Dirija la atención de la clase sobre el recuadro funcional, recalcando el uso de la preposición *por*.

Trabajo escrito individual. Pase por las mesas y, si comprueba dificultades, sugiera a los alumnos que adapten el texto de la actividad 6 de la página 39.
Luego pida a algunos que lean sus respuestas en alto.

2. ¿Qué verbos son?...

Ejercicio destinado a ampliar el vocabulario relacionado con las actividades cotidianas. El sentido de cada verbo viene sugerido por la ilustración. Dos de estos verbos tienen diptongo: *despertarse* (e > ie) y *dormir* (o > ue), los otros son regulares.

Consolidación
Pregunte:
¿Qué otros verbos tienen la misma irregularidad que *despertarse*? [empezar, merendar]
¿Qué otros verbos tienen la misma irregularidad que *dormir*? [volver, acostarse]

3. Separa los verbos.

Los alumnos han de localizar en la cadena de letras 11 formas verbales (casi todas de los verbos del ejercicio 2) y luego indicar los infinitivos correspondientes. Para que esta actividad resulte más provechosa, deles primero unos minutos para que memoricen los verbos, y que tapen luego el ejercicio 2 con una hoja y trabajen de memoria.

1. Y tú, ¿a qué hora realizas estas actividades todos los días?

- Por la mañana.
- Por la tarde.
- Por la noche.

- Levantarse
- Lavarse
- Vestirse
- Tomar el desayuno

- Salir de casa
- Llegar al instituto o al colegio
- Empezar las clases
- Volver a casa

- Comer
- Merendar
- Hacer los deberes
- Acostarse

2. ¿Qué verbos son? Sigue las flechas y completa las palabras.

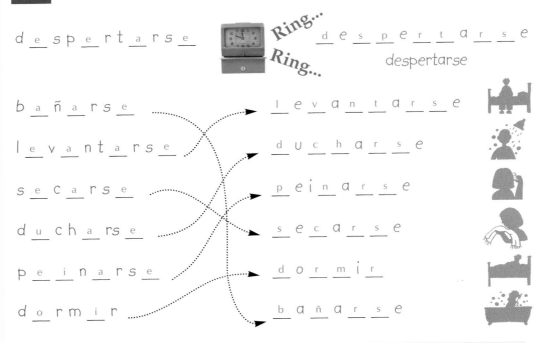

d e s p e r t a r s e   Ring...   d e s p e r t a r s e
Ring...   despertarse

b a ñ a r s e ....→ l e v a n t a r s e

l e v a n t a r s e ....→ d u c h a r s e

s e c a r s e ....→ p e i n a r s e

d u c h a r s e ....→ s e c a r s e

p e i n a r s e ....→ d o r m i r

d o r m i r ....→ b a ñ a r s e

	DESPERTARSE		DORMIR
(Yo)	me	despierto	duermo
(Tú)*	te	despiertas	duermes
(Usted/él/ella)	se	despierta	duerme
(Nosotros/as)	nos	despertamos	dormimos
(Vosotros/as)	os	despertáis	dormís
(Ustedes/ellos/ellas)	se	despiertan	duermen
*(Vos)	te	despertás	dormís

3. **a. Separa los verbos.**

Duermennosvestimostedespiertassebañaosducháis
sepeinandormimosmesecoseduchatebañassedespiertan

b. Indica el infinitivo.

Duermen: dormir.
Os ducháis: ducharse.
Se ducha: ducharse.

Nos vestimos: vestirse.
Se peinan: peinarse.
Te bañas: bañarse.

Te despiertas: despertarse.
Dormimos: dormir.
Se despiertan: despertarse.

Se baña: bañarse.
Me seco: secarse.

4. ¿Tienes memoria?

a. Lee estos verbos cuatro veces; luego, tápalos.

tienes	salgo	somos	dormís
vuelven	os peináis	se despiertan	nos bañamos
te duchas	juega	me acuesto	te vistes

b. Cinco verbos son diferentes: ¿cuáles?

tienes	salgo	somos	dormís
vuelven	(se peinan)	se despiertan	nos bañamos
(se ducha)	(se acuestan)	(juegan)	(me visto)

5. Une las piezas y escribe las frases.

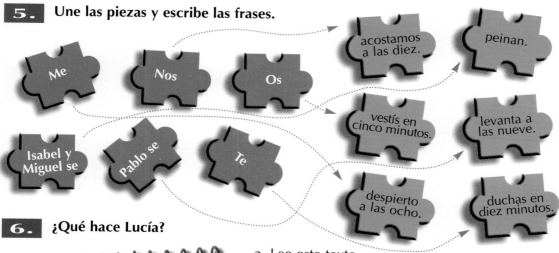

Me   Nos   Os

acostamos a las diez.   peinan.

Isabel y Miguel se   Pablo se   Te

vestís en cinco minutos.   levanta a las nueve.

despierto a las ocho.   duchas en diez minutos.

6. ¿Qué hace Lucía?

a. Lee este texto.
b. Ordena las viñetas.

• Todos los días Lucía se despierta a las siete y media y se levanta cinco minutos después.

• Se ducha, se peina y se viste en veinte minutos.

• Desayuna en un cuarto de hora. Toma chocolate con cereales.

• Luego, se va al instituto en bicicleta y llega quince minutos más tarde.

• Cinco minutos después, empiezan las clases.

• Los martes por la mañana Lucía tiene dos horas de matemáticas, una hora de inglés, quince minutos de recreo y dos horas de Educación Física.

1. 6   2. 2

3. 3   4. 5

5. 4   6. 1

c. ¿A qué hora termina Lucía las clases los martes por la mañana?

A las 13 horas 45 minutos, es decir, a las 2 menos cuarto.

4. ¿Tienes memoria?

Actividad lúdica para ejercitar la memoria. Proponga a los alumnos que la realicen en parejas: primero localizan los verbos individualmente y, luego, comparan sus respuestas.

5. Une las piezas y...

Trabajo individual. Haga notar a la clase que todas las formas verbales son diferentes.

6. ¿Qué hace Lucía?

Este texto recoge el vocabulario introducido en la unidad.
Para hacer la actividad más amena siga estos pasos. Solicite un voluntario para leer el texto en alto, los demás alumnos escuchan con el texto tapado y van ordenando las viñetas. Luego, contestan a la pregunta c con la ayuda del texto y construyendo una frase completa: *Los martes por la mañana, Lucía termina las clases a las dos menos cuarto.*
Explique que *Los martes* significa *Todos los martes.*

Ampliación:
Introduzca el vocabulario que aparece en las viñetas.
1/4. *La silla, el pupitre, la pelota.*
2. *El peine, el pelo, rubia.*
3. *El tazón, la botella.*
5. *La bicicleta, el casco, la calle.*
6. *La cama, el despertador, la mesilla de noche, el pijama.*

3 Unidad

Me gustan las matemáticas

1. Escucha a Carmen: ¿qué asignaturas tiene?

Este año estudio

√244

matemáticas   lengua y literatura   ed. física   tecnología   geografía   música

historia   francés   ed. plástica

¡Muchas asignaturas!

1. Escucha a Carmen:

Las ilustraciones permiten comprender el significado de cada palabra.

Ampliación
Pregunte a los alumnos si estudian las mismas asignaturas en su instituto.

2. Ahora, escucha...

Antes de poner la cinta, deje que los alumnos observen el horario.

2. Ahora, escucha a Carmen y a Miguel y completa su horario.

	LUNES	MARTES	MIÉRCOLES	JUEVES	VIERNES
9.00 - 10.00	Matemáticas	Tecnología	Inglés	Francés	Francés
					Tecnología
10.00 - 11.00	Lengua y Literatura	Matemáticas	Lengua y Literatura	Historia	
11.00 - 11.30	r e c r e o				
				Inglés	Lengua y Literatura
11.30 - 12.30	Ciencias de la Naturaleza	Inglés	Historia		
				Ciencias de la Naturaleza	Ciencias de la Naturaleza
12.30 - 13.30	Ed. Física	Lengua y Literatura	Matemáticas		
13.30 - 15.30	c o m i d a				
		Religión o Act. de Estudio	Ciencias de la Naturaleza	Tecnología	Ed. Plástica
15.30 - 16.30	Historia				
				Música	
16.30 - 17.30	Ed. Plástica	Música	Ed. Física		

3. Observa el...

Actividad en parejas: un alumno hace las preguntas y su compañero contesta observando el horario.
Recalque que, en la forma negativa, la partícula *no* va siempre antes del verbo.

Consolidación
Proponga a la clase que confeccione su horario.

3. Observa el horario y contesta a tu compañero.

- ¿Cuándo practican deporte?   Los lunes y los miércoles.
- ¿Cuántas horas de matemáticas tienen?   3.
- ¿Qué días no tienen inglés?   Los lunes y los viernes.
- ¿A qué hora tienen lengua los miércoles?   A las 10.
- ¿Cuántas materias estudian los viernes?   5.
- ¿Qué materia estudian los lunes a las tres y media?   Historia.
- ¿Cuántas horas por semana tienen en total?   29.

LA FORMA NEGATIVA
No + verbo.

No tengo inglés los lunes.
No practicas deporte los martes.
No estudiamos inglés los viernes.

4. **a. Escucha y observa.**

 .... Me gustan las ciencias.

 .... No me gusta la geografía.

 .... Me gusta el inglés.

 .... No me gustan las ciencias.

 .... Me gusta el deporte.

 .... No me gusta la historia.

 .... Me gustan las matemáticas.

 .... No me gusta el deporte.

b. Escucha de nuevo y completa las frases del ejercicio 4.

EXPRESAR GUSTOS

(A mí)	**me**		
(A ti/vos)	**te**	**gusta**	el deporte.
(A usted/él/ella)	**le**		la historia.
(A nosotros/as)	**nos**		
(A vosotros/as)	**os**	**gustan**	los deportes.
(A ustedes/ellos/ellas)	**les**		las ciencias.

ACUERDO		DESACUERDO	
☺ Me gusta el deporte.	☺ A mí también.	☺ Me gusta el deporte.	☹ A mí no.
☹ No me gusta el deporte.	☹ A mí tampoco.	☹ No me gusta el deporte.	☺ A mí sí.

5. **Completa en tu cuaderno con "gusta" o "gustan".**

- A Juan no le gustan las ciencias.
- No nos gustan las matemáticas.
- A Pedro y a Andrea les gusta la geografía.

- ¿Te gusta el deporte?
- A José le ..... la historia.

6. **Habla con tu compañero.**

Me gusta la música. ¿Y a ti?

A mí también, pero no me gusta la historia.

4. Escucha y observa.

Este ejercicio introduce la estructura *Me gusta(n)*. La expresión de la cara de los cuatro amigos ayuda a entender el sentido de las frases.

Insista en:
- Los pronombres usados: *me, te, le, nos, os, les.*
- Las personas en que va conjugado el verbo *gustar*, concuerdan con el nombre que sigue: *gusta* + singular, *gustan* + plural.
- La posición del verbo *gustar*: entre el pronombre y el nombre.

Consolidación
Acuerdo/Desacuerdo
Retome las frases de la actividad 4 en tercera persona del singular y pregunte a algunos estudiantes (por ejemplo):
- *A Carmen le gustan las ciencias, ¿y a ti?* [A mí también. A mí no.]
- *A Carmen no le gusta la geografía, ¿y a ti?* [A mí tampoco. A mí sí.]

5. Completa en tu...

Ejercicio individual y silencioso.
Insista nuevamente en que la forma singular o plural del verbo *gustar* no depende de la(s) persona(s) representada(s) por el pronombre indirecto, sino de lo que se dice que gusta.

6. Habla con tu...

Anime a los alumnos a que escriban las respuestas de su compañero en un cuadro.

A mi compañero/a	A mí
Le gusta:	Me gusta:
Le gustan:	Me gustan:
No le gusta:	No me gusta:
No le gustan:	No me gustan:

Consolidación
Para transformar la actividad en una práctica oral colectiva, ponga las respuestas en común para encontrar la asignatura preferida de la clase.
Plantee preguntas como:
- *¿A quién le gustan las matemáticas?*
- *¿A quién no le gusta la historia?*

1. Amalia, Julia...

Sugerencia para dar a la actividad un enfoque más comunicativo.

Asigne los bocadillos a dos chicos y tres chicas. Cada uno lee su texto en voz alta y todos contestan. Indíqueles que tienen que usar frases completas.

Precise que las ciencias sociales incluyen la historia y la geografía.

• *Los lunes y los viernes Amalia lleva en la mochila lápices de colores, rotuladores de todos los colores, un lápiz, una goma y un sacapuntas.*

• *Amalia tiene cuatro clases de lengua y literatura.*

• Respuesta libre.

• *A Pedro le gustan más los lunes y los miércoles.*

• *Los viernes, Pedro tiene tecnología pero no tiene música.*

• *Los martes, los miércoles, los jueves y los viernes, Alicia habla lenguas extranjeras.*

• *Los lunes y los miércoles, Alicia tiene ciencias sociales y no tiene francés.*

• *Julia estudia el clima de España en geografía, la prehistoria en historia, la vida de la Tierra en ciencias de la naturaleza, el presente del verbo to have en inglés, poemas de escritores españoles en lengua y literatura, atletismo en educación física y el presente del verbo parler en francés.*

• *Respuesta libre: Los martes y los jueves tengo...*

• *A Javier le gustan las ciencias de la naturaleza, el francés, el inglés, la educación física, la educación plástica, la historia, la lengua y literatura y la religión/actividad de estudio.*

• *El recreo dura treinta minutos.*

• *Respuesta libre: En mi instituto, el recreo dura...*

1. Amalia, Julia, Alicia, Pedro y Javier son cinco compañeros de clase. ¿Qué dicen? Observa el horario de la página 42 y contesta a sus preguntas.

Los lunes y los viernes.

Hola, soy Amalia. ¿Qué días llevo en la mochila lápices de colores, rotuladores de todos los colores, un lápiz, una goma y un sacapuntas? ¿Cuántas clases de lengua y literatura tengo? ¿Te gusta mi horario?

4.

Los lunes y los miércoles.

Hola, soy Pedro. Me gusta mucho el deporte. ¿Qué días me gustan más? ¿Qué día tengo tecnología pero no tengo música?

Los viernes.

Los martes, los miércoles, los jueves y los viernes.

Y yo soy Alicia. ¿Qué días de la semana hablo lenguas extranjeras? ¿Qué días tengo ciencias sociales y no tengo francés?

Los lunes y los miércoles.

Geografía o ciencias sociales.

Hola, yo soy Julia. ¿Sabes en qué asignaturas estudio estos temas: el clima de España, la prehistoria, la vida de la Tierra, el presente del verbo *to have*, poemas de escritores españoles, atletismo, el presente del verbo *parler*? Y tú, ¿qué clases tienes los martes y jueves?

Historia.
Ciencias de la naturaleza.
Lengua y literatura.

Ed. física.

Inglés.

Francés.

Soy Javier. No me gustan las matemáticas, ni la música ni la tecnología. ¿Qué asignaturas me gustan? ¿Cuánto dura el recreo? Y en tu instituto, ¿cuánto dura el recreo?

Ciencias de la naturaleza, el francés, el inglés, la educación física, la educación plástica, la historia, la lengua y literatura y la religión/actividad de estudio.

Treinta minutos.

Respuesta libre.

2. Observa.

EXPRESAR LA OPINIÓN

• La historia es (muy)
    interesante.
    divertida.
    fácil.
    útil.

• Es mi asignatura preferida.

• La geografía
  • es (muy) difícil.
    aburrida.
  • no es interesante.
    fácil.

→ Estoy de acuerdo.
→ No estoy de acuerdo.

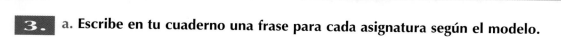

3. **a. Escribe en tu cuaderno una frase para cada asignatura según el modelo.**

Las matemáticas son muy interesantes.

b. Ahora compara tus gustos con los de tu compañero.

3. **Escribe en tu...**

Este ejercicio se realiza en dos partes para que cada alumno pueda expresar su opinión.

Las matemáticas son muy interesantes.

Sí, estoy de acuerdo.

No estoy de acuerdo. Son difíciles.

4. **Encuesta: ¿cuáles son las asignaturas preferidas de la clase?**

4. **Encuesta...**

Anime a los estudiantes a tomar la palabra espontáneamente. Solicite dos voluntarios: el primero pregunta a sus compañeros qué asignaturas son interesantes, divertidas, fáciles, útiles; y el otro escribe en la pizarra el número de respuestas para cada una. Por ejemplo:

• Interesante(s): las matemáticas / 8, el inglés / 10...
• Divertida(s): la educación física / 19...
• Fácil(es): la historia / 5, la tecnología / 9...
• Útil(es): las matemáticas / 9, el francés / 6...

Por último, invítelos a que saquen las conclusiones.

Fonética

ACENTUACIÓN DE LAS PALABRAS AGUDAS Y LLANAS

1. Escucha y localiza la sílaba tónica.

- re<u>lo</u>j
- <u>h</u>ora
- mi<u>nu</u>tos
- insti<u>tu</u>to
- <u>Car</u>men
- desa<u>yu</u>no
- a<u>mi</u>gos
- profe<u>sor</u>
- <u>tie</u>nen
- espa<u>ñol</u>
- choco<u>la</u>te
- <u>es</u>tas
- <u>so</u>mos

2. En tu cuaderno, clasifica las palabras.

Penúltima sílaba   Última sílaba

▄▄ ▄▄ ▄▄   ▄▄ ▄▄ ▄▄

Aprende la regla general:

1. Las palabras terminadas en consonante (excepto n y s) tienen el acento en la <u>última sílaba</u>. Se llaman palabras agudas.

2. Las palabras terminadas en vocal, en n o s tienen el acento en la <u>penúltima sílaba</u>. Se llaman palabras llanas.

3. De no ser así, llevan un <u>acento escrito</u> (tilde) en la sílaba acentuada: alemán, marroquí, lápiz, compás, fútbol, inglés, fácil.

Cuba

Golfo de México
La Habana
Varadero
Santa Clara
Océano Atlántico
CUBA
Mar Caribe

La República de Cuba está situada en el mar Caribe, frente a las costas de México (a 210 km) y de Estados Unidos (a 180 km).

Está formada por la isla de Cuba, la isla de la Juventud y más de 1.600 islotes, y forma parte del archipiélago de las Grandes Antillas.
Tiene 11.217.000 habitantes.
La Habana, su capital, es puerto de mar y tiene 3.000.000 de habitantes.
El casco antiguo de la capital, La Habana Vieja, es Patrimonio de la Humanidad.
Hay muchos monumentos de la época colonial española.

El idioma oficial es el español.

En Cuba el clima es bueno y hay playas magníficas como Varadero y Santa Lucía.
A los cubanos les encanta la música y el baile, por ejemplo, la salsa. Hay cantantes de Cuba muy famosos en el mundo, como Gloria Estefan y Compay Segundo.

Estas son algunas plantas y algunos animales típicos de Cuba:

- La caña de azúcar;
- frutas tropicales como la piña, el mango o el coco;
- las plantaciones de tabaco;
- el tocororo, el flamenco y el zunzuncito (el pájaro más pequeño del mundo).

Peso.

Compay Segundo.

Playa. VARADERO.

El monumento a John Lennon.

Gloria Estefan.

Casco antiguo. LA HABANA.

Tocororo.

El Capitolio. LA HABANA.

Zunzuncito.

Plantación de azúcar.

El Castillo de los Tres Reyes Magos del Morro. LA HABANA.

Vista del Malecón. LA HABANA.

Mercado de libros,
Plaza de Armas.
LA HABANA.

Muchacha con turbante.

Preparando mojitos,
taberna típica.

La Catedral. LA HABANA.

La Plaza de la Revolución.
LA HABANA.

El monumento al Che.
SANTA CLARA.

Mercado callejero.

El Malecón.
LA HABANA.

Puros habanos.

El Palacio de
la Revolución.
LA HABANA.

Acarreando ganado.

Documentos

Nicolás Guillén, poeta cubano del siglo XX.

Una poesía de Nicolás Guillén (fragmento)

*Por el Mar de las Antillas
anda un barco de papel:
anda y anda el barco barco,
sin timonel.*

*De La Habana a Portobelo,
de Jamaica a Trinidad,
anda y anda el barco barco
sin capitán.
[…]*

*Pasan islas, islas, islas,
muchas islas, siempre más;
anda y anda el barco barco,
sin descansar.
[…]*

CHIC@S en la red

Los alumnos del IES Pablo Picasso de Sevilla encuestan a sus compañeros.

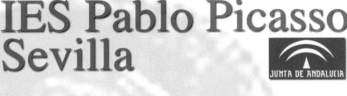

1. ¿Qué desayunas por la mañana?
   a. Desayuno chocolate y cereales.
   b. Chocolate y tostadas con mantequilla.
   c. Té con leche, un zumo de naranja y galletas.

2. ¿Cómo vas al instituto?
   a. Voy andando.
   b. Tomo el autobús.
   c. Voy en coche, con mi madre.

3. ¿A qué hora llegas al instituto? ¿A qué hora empiezan las clases?
   a. Llego a las ocho menos cuarto. Las clases empiezan a las ocho.
   b. Llego a las ocho menos cinco. Las clases empiezan a las ocho.
   c. Llego a las ocho y veinte. Las clases empiezan a las ocho y media.

4. ¿Cuántas horas de clase tienes al día (por la mañana y por la tarde)?
   a. Tengo cinco horas y media por la mañana. No tengo clase por la tarde.
   b. Cuatro horas por la mañana y dos horas por la tarde.
   c. Tres horas por la mañana y tres horas por la tarde.

5. ¿Cuál es tu día preferido de la semana?
   a. El domingo, porque no voy al instituto.
   b. El jueves, porque tengo deporte.
   c. El martes, porque vamos a la piscina.

6. ¿Qué te gusta en el colegio?
   a. El recreo y los amigos.
   b. La historia.
   c. El deporte.

7. ¿Qué no te gusta?
   a. Hacer exámenes y los deberes.
   b. Las matemáticas y la geografía.
   c. El uniforme, ¡es muy feo!

8. ¿A qué hora comes y dónde?
   a. A la una y media en el comedor del colegio. ¡No me gusta!
   b. A las dos, vuelvo a casa.
   c. A las dos menos cuarto, en casa de mi abuela.

9. ¿Cuántos deberes tienes cada día? ¿Cuántas horas estudias?
   a. ¡Muchos! Una hora.
   b. Tres o cuatro. Una hora y media.
   c. Cuatro. Una hora y media.

10. ¿Ves la tele antes de acostarte?
    a. Sí, un poco.
    b. No. No me gusta ver la tele. Escucho música.
    c. Sólo los fines de semana.

11. ¿A qué hora te acuestas?
    a. Me acuesto a las nueve y media.
    b. A las diez.
    c. A las diez o a las diez y media.

En grupos de cuatro.
- Primero, contesta a cada pregunta.
- Presenta tus respuestas a tu grupo y anota las respuestas más frecuentes.
- Elige a un voluntario para presentar los resultados a la clase.
- Toda la clase compara las respuestas.

FICHA RESUMEN

COMUNICACIÓN

- Preguntar y decir la hora

¿Qué hora es?
Son las tres y media.

- Indicar horarios

Todos los días me levanto a las ocho.

- Presentar las actividades cotidianas

Por la mañana / por la tarde / por la noche / me levanto, me ducho, desayuno...

- Hablar de las asignaturas

Los miércoles tengo inglés a las dos.

- Expresar gustos

Me gusta la tecnología.
No me gustan las matemáticas.

- Indicar acuerdo y desacuerdo

Me gusta el deporte. / A mí también.
No me gustan las ciencias naturales. / A mí sí.

- Dar la opinión sobre las asignaturas

La historia es muy interesante.

GRAMÁTICA

- La negación

No tengo francés los martes.

- Pronombres que acompañan al verbo *gustar*

Me, te, le, nos, os, les.

- Presente de indicativo

Verbos con pronombre: *levantarse, peinarse, ducharse...*
Verbos con alteraciones vocálicas: *e >ie (empezar), o > ue (volver), u > ue (jugar), e > i (vestirse)...*
Verbos irregulares: *ir, salir, decir.*

- El verbo *gustar*

Me gusta(n), te gusta(n), le gusta(n)...

- *Ser* + adjetivo

Es interesante.
Es fácil.

- El adverbio *muy.*

Las matemáticas son muy fáciles.

VOCABULARIO

- Actividades cotidianas

Levantarse, desayunar, ir al instituto...

- Las asignaturas

Las matemáticas, el inglés, la educación física...

Mi familia

1. a. **Escucha a Armando y localiza a cada persona en el árbol genealógico.**

Ah, y tengo un gato, se llama Algodón.

El léxico de esta lección se centra en la familia y el apartado gramatical está dedicado a los adjetivos posesivos.

1. a. Escucha a...

El punto de partida es un auditivo en el que Armando presenta a los miembros de su familia. Los nombres vienen indicados en el árbol para permitir la comprensión de las palabras nuevas.

Los españoles tienen dos apellidos. Normalmente, primero el del padre y, luego, el de la madre. Desde hace unos años, se puede poner el materno primero. Pero no es todavía una práctica muy común.

Más información en http://www.mju.es/guia_c_apellido.htm

Si le interesa la genealogía y quiere conocer más apellidos españoles, visite esta página: http://tiempolibre.ciudadfutura.com/genealogia/

1. Amelia
García López
Abuela

2. Víctor
Sánchez Martín
Abuelo

3. Paula
Matos Gil
Tía

4. Fernando
Sánchez García
Tío

5. Federico
Ramos Huertas
Padre de Armando

6. Eva
Sánchez García
Madre de Armando

7. Luciano
Sánchez Matos
Primo

8. Elena
Sánchez Matos
Prima

9. Armando
Ramos Sánchez

10. Teresa
Ramos Sánchez
Hermana

MUNDO HISPANO: Nombre + apellido del padre + apellido de la madre.
¿Y en tu país?

b. ¿Verdadero o falso?

- Amelia es la madre de Eva.   V
- Paula es la hermana de Teresa.   F
- Luciano es el hijo de Federico.   F
- Armando es el nieto de Víctor.   V
- Eva es la madre de Elena.   F
- Armando es el nieto de Amelia.   V
- Víctor es el abuelo de *Algodón*.   F
- Eva es la hermana de Fernando.   V
- Armando es el primo de Elena.   V
- Fernando es el marido de Paula.   V
- Amelia es la mujer de Federico.   F

LA FAMILIA

	El	La
Los abuelos	abuelo	abuela
Los padres	padre	madre
Los hijos	hijo	hija
Los hermanos	hermano	hermana
Los tíos	tío	tía
Los sobrinos	sobrino	sobrina
Los primos	primo	prima
Los nietos	nieto	nieta

El marido y la mujer

En América Latina se utiliza "los papás" en lugar de "los padres".

1. b. ¿Verdadero...

Llame la atención de la clase sobre el cuadro y resalte que las palabras *padre/madre* son las únicas cuyo masculino no acaba en -o.

Para que la actividad resulte más fácil, sugiera a los alumnos que copien en su cuaderno el árbol de la página 50 indicando los parentescos.

Los alumnos también pueden trabajar en parejas: el primero lee las frases y el segundo dice si son verdaderas o falsas.

2. Observa.

Recalque que:
• *Mi, tu* y *su* sólo concuerdan en número con el nombre al que se refieren y que son idénticos en masculino y femenino.

2. Observa. LOS ADJETIVOS POSESIVOS.

	MASCULINO		FEMENINO	
	Singular	Plural	Singular	Plural
(Yo)	mi abuelo	mis abuelos	mi abuela	mis abuelas
(Tú/vos)	tu hermano	tus hermanos	tu hermana	tus hermanas
(Usted/él/ella)	su sobrino	sus sobrinos	su sobrina	sus sobrinas
(Nosotros/as)	nuestro primo	nuestros primos	nuestra prima	nuestras primas
(Vosotros/as)	vuestro hermano	vuestros hermanos	vuestra hermana	vuestras hermanas
(Ustedes/ellos/ellas)	su tío	sus tíos	su tía	sus tías

• *Nuestro* y *vuestro* concuerdan en género y número con el nombre al que se refieren.
• *Su* y *sus* corresponden a la tercera persona (él/ellos, ella/ellas) y a las formas de cortesía *usted/ustedes*.

3. Escucha a Armando y contesta a sus preguntas.

¿Cómo se llama mi abuela?

Tu abuela se llama Amelia.

2. Tu madre se llama Eva.
3. Tu hermana se llama Teresa.
4. Tu tío se llama Fernando.
5. Tu padre se llama Federico.
6. Tu prima se llama Elena.
7. Tu abuelo se llama Víctor.
8. Tu tía se llama Paula.
9. Tu primo se llama Luciano.
10. Tu gato se llama Algodón.
11. Tu gato es blanco.

3. Escucha a Armando...

Ejercicio para practicar las formas *mi* y *tu*.
Mi abuela se llama Amelia, etc.

4. Elige el adjetivo posesivo correcto.

(Yo)	mi hermano.
(Tú)	tus tíos.
(Mi hermano y yo)	nuestros abuelos.
(Tú y tu hermana)	vuestro tío.
(Tú)	tu prima.

(Eva y Carlos)	su madre.
(Ustedes)	sus hijos.
(Pablo)	su tía.
(Vosotros)	vuestros padres.
(Fernando)	su sobrina.

4. Elige el adjetivo...

Trabajo individual y silencioso, para la práctica de casi todas las formas.

5. Dibuja el árbol...
Aplicación personalizada de todo lo aprendido en la lección.
Indique a los alumnos que se inspiren en la presentación de Armando (ejercicio 1, transcripción página 111).

5. Dibuja el árbol genealógico de tu familia e indica el nombre de cada persona. Luego, presenta tu familia a tus compañeros.

Practica y Consolida

Ver transcripción página 111.

1. Habla con tu...

Los alumnos deben decir al menos cinco frases cada uno.
Como consolidación, solicite varios voluntarios para leer las suyas a la clase.

(Cuadro de los números)
Añada que *veintiuno* se transforma:
• en *veintiún* delante de un nombre masculino: *veintiún* chicos,
• en *veintiuna* delante de un nombre femenino: *veintiuna* chicas.

Consolidación
Escriba algunos números en la pizarra y pregunte cómo se dicen. Ejemplos: *33, 95, 48, 60, 72, 25, 39, 52, 66, 89, 77.*

1. Habla con tu compañero.

¿Quién es para ti el hijo de tu tía?

Mi primo.

¿Y las hijas de tu tío? ¿Y los hermanos de tu madre?
....

LOS NÚMEROS

30	treinta	Entre las **decenas** y las **unidades** se usa **y**.
40	cuarenta	31 treinta **y** uno
50	cincuenta	45 cuarenta **y** cinco
60	sesenta	67 sesenta **y** siete
70	setenta	
80	ochenta	**uno** > **un** delante de un nombre **masculino**. 31 Treinta y **un** chicos.
90	noventa	**uno** > **una** delante de un nombre **femenino**. 31 Treinta y **una** chicas.
100	cien	

2. a. Escucha a...

Los alumnos escriben primero la edad con cifras (mientras escuchan la cinta) y, luego, con letras.

2. a. Escucha a Armando y escribe la edad de cada persona en tu cuaderno.

La abuela: setenta y cinco años.
Ver transcripción página 111.

2. b. Habla con tu...

Cada uno debe decir al menos la edad de cinco personas.

b. Habla con tu compañero.

Tiene 77 años.

Es su abuelo.

3. ¡A jugar!

Estos juegos pueden realizarse con toda la clase o en pequeños grupos. Por turnos, los alumnos van diciendo uno cada uno.

3. ¡A jugar!

- Cuenta de tres en tres: *tres, seis, nueve...*
- Cuenta de cuatro en cuatro y hacia atrás: *cien, noventa y seis, noventa y dos...*
- Di estos números al derecho y al revés.   *14 (catorce)* ⟶ *41 (cuarenta y uno)*

48 (cuarenta y ocho) 84 (ochenta y cuatro)   87 (ochenta y siete) 78 (setenta y ocho)
69 (sesenta y nueve) 96 (noventa y seis)   26 (veintiséis) 62 (sesenta y dos)
38 (treinta y ocho) 83 (ochenta y tres)   18 (dieciocho) 81 (ochenta y uno)

4. Alicia escribe a una amiga, pero su carta tiene manchas. Añade las palabras que faltan.

4./5.

Trabajo individual y silencioso.

Antes de realizarlos, escriba en la pizarra las palabras y expresiones nuevas y explique su sentido: *me llevo bien con mi hermana, pandilla, música, deporte, pueblo, coche, perro, gato...*

hermanos	años
deberes	salimos
hermano	nuestra
instituto	perro
música	abuelos
gatos	deporte
madre	mañana
levanto	día
gustan	mujer
hija	volvemos

Querida Julia:

En casa somos tres **hermanos**, David tiene 10 años, Aída 14 **años** y yo 13. Mis padres se llaman Pedro y Concha. A David le **gustan** los videojuegos y ver la tele.

Me llevo muy bien con mi hermana, porque tenemos casi los mismos gustos: la **música** y el **deporte**. Estudiamos en el mismo **instituto**. Los sábados por la **mañana** hacemos los **deberes** y, por la tarde, salimos con **nuestra** pandilla. El domingo es mi **día** preferido, porque me **levanto** tarde, y luego vamos a casa de mis **abuelos** (los padres de mi **madre**). Se llaman Susana y Diego. Mi abuelo tiene 72 años y mi abuela 68.

Viven en un pequeño pueblo de la provincia de Sevilla. Vamos en coche, **salimos** sobre las 12 y **volvemos** después de cenar. También va mi prima María, la **hija** de mis tíos Adrián, el **hermano** de mi madre, y mi tía Matilde, su **mujer**. Mi prima tiene mi edad. A mis abuelos les gustan los animales: tienen un **perro** y tres **gatos**.

Un beso.

Alicia

5. **Relaciona.**

1. Alicia tiene	1 - c	**a.** sale con sus amigos.
2. A Alicia y a Aída les gusta	2 - f	**b.** Susana y Diego.
3. Los sábados por la tarde Alicia	3 - a	**c.** un hermano y una hermana.
4. Los domingos va	4 - g	**d.** Alicia, Aída y David.
5. María es la prima de	5 - d	**e.** Adrián y Matilde.
6. Aída es la sobrina de	6 - e	**f.** la música.
7. David es el nieto de	7 - b	**g.** a casa de sus abuelos.
8. Pedro es el tío de	8 - h	**h.** María.

Consolidación
Más preguntas de comprensión lectora.
• ¿A quién le gusta ver la tele?
• ¿Qué hace Alicia los sábados por la mañana?
• ¿Cuál es el día preferido de Alicia? ¿Por qué?
• ¿Dónde viven sus abuelos?
• ¿Cómo va a casa de sus abuelos?
• ¿Quiénes son Adrián y Matilde?
• ¿Cuántas personas van a casa de los abuelos los domingos?
• ¿Cuántos animales tienen sus abuelos?

¿Cómo son?

Unidad 4

1. Escucha y lee las descripciones. Relaciona cada persona con su descripción.

1. Escucha y lee...

Motivación
Antes de poner la cinta puede presentar el vocabulario. Por ejemplo, lleve varias fotos de personajes a clase y descríbalos.
Luego, deje que los alumnos trabajen individualmente.

Consolidación
Diga frases como las siguientes: los alumnos deben indicar de quién se trata (escondiendo las fichas de descripción con su cuaderno).

- *Es moreno.*
- *Tiene el pelo largo y liso.*
- *Es rubio.*
- *Es gordo.*

Anime a los alumnos a encontrar más frases.

a **b** **c** **d**

Es delgada.
Tiene el pelo largo y ondulado.
Es morena.

Es morena.
Tiene el pelo largo y liso.
Tiene los ojos azules.

Es rubio.
Tiene el pelo corto y rizado.
Lleva bigote.
Es alto y delgado.

Es alto y gordo.
Es moreno.
Tiene el pelo corto y liso.
Lleva barba.
Lleva gafas y tiene los ojos azules.

DESCRIBIR A UNA PERSONA

Es alto, bajo.   Es alta, baja.
Es gordo, delgado.   Es gorda, delgada.
Es rubio, moreno.   Es rubia, morena.
Es calvo.

Tiene el pelo   corto, largo.
                 liso, ondulado, rizado.

Tiene los ojos   verdes, azules, negros, marrones.

Lleva   gafas, barba, bigote.

2. **Describe a estas personas.**

• *Rubén es alto...*

	Rubén	Celia	Arturo	Gabriela
alto/a	X		X	
bajo/a		X		X
delgado/a	X	X		
gordo/a			X	X
bigote	X			
barba	X		X	
gafas		X	X	
rubio/a	X			X
moreno/a		X	X	
pelo corto	X		X	
pelo largo		X		X
pelo rizado	X	X	.	
pelo liso			X	X
ojos negros	X			
ojos verdes				X
ojos marrones		X		
ojos azules			X	

3. **Piensa en un personaje famoso.**

¿Es un hombre?

Sí.

¿Es un actor?

No.

¿Es un deportista?

....

Un hombre/una mujer
Un actor/una actriz
Un/-a cantante
Un/-a deportista
Joven/viejo/a

2./3.

Los ejercicios de aplicación recogen todo el vocabulario en forma de juegos de dificultad graduada.

• En el primero, los alumnos han de retomar las estructuras del cuadro de la página 54 usando un vocabulario impuesto y realizando las concordancias necesarias.

• El segundo les invita a jugar: uno piensa en un personaje famoso, y sus compañeros deben identificarlo haciéndole preguntas sobre su profesión y su aspecto físico.

Rubén es alto y delgado. Lleva bigote y barba. Es rubio y tiene el pelo corto y rizado. Tiene los ojos negros.

Celia es baja y delgada. Lleva gafas. Es morena y tiene el pelo largo y rizado. Tiene los ojos marrones.

Arturo es alto y gordo. Lleva barba y gafas. Es moreno y tiene el pelo corto y liso. Tiene los ojos azules.

Gabriela es baja y gorda. Es rubia y tiene el pelo largo y liso. Tiene los ojos verdes.

1. Año 2423...

Deje primero que los estudiantes descubran el texto silenciosamente. Luego, solicite voluntarios para leerlo en alto y de la forma más expresiva posible.

1. **Año 2423, tres astronautas españoles llegan al planeta Venus. Lee la conversación.**

Astronauta: ¡Tierra! ¡Es increíble!
La Tierra: ¿Qué pasa?
Astronauta: ¡Veo a un alienígena!
La Tierra: ¡Un alienígena! ¡Increíble! ¿Cómo es?
Astronauta: Pues... ¡Increíble!
La Tierra: ¿Cómo es? ¿Cómo es?
Astronauta: Pues... Es alto... muy alto, dos metros cincuenta, mide dos metros cincuenta y es muy delgado. Y no tiene pelo... Es calvo. ¡Increíble! Tiene la cabeza redonda y tiene tres ojos, muy grandes.
La Tierra: ¿De qué color?
Astronauta: Pues... naranja. Y tiene una oreja verde, muy muy grande, ¡enorme! Tiene la boca violeta, ¡increíble! Y cuatro brazos, ¡tiene cuatro brazos muy cortos y cuatro manos muy pequeñas y rojas!
La Tierra: ¡Increíble! ¡Increíble! ¿Y las piernas?
Astronauta: Pues... Pues... no tiene dos, como nosotros, tiene una, y es muy larga y verde, y acaba en dos pies grises. ¡Increíble!

2. Observa al...

Trabajo individual.
Los alumnos realizarán la actividad sin dificultad: cada parte del cuerpo puede identificarse por su color, tamaño o número.

2. **Observa al alienígena. ¿A qué número corresponde cada parte del cuerpo?**

- la pierna 7
- el brazo 4
- la oreja 6
- la mano 1
- la boca 8
- el pie 2
- el ojo 5
- la cabeza 3

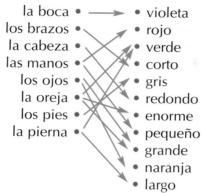

3. ¿Cómo es cada parte del cuerpo? Relaciona e indica el (los) adjetivo(s) en la forma correcta.

la boca • → • violeta
los brazos • • rojo
la cabeza • • verde
las manos • • corto
los ojos • • gris
la oreja • • redondo
los pies • • enorme
la pierna • • pequeño
 • grande
 • naranja
 • largo

boca - violeta
brazos - cortos
cabeza - redonda
manos - pequeñas, rojas
ojos - grandes, naranjas
oreja - verde, grande, enorme
pies - grises
pierna - larga, verde

4. Estos son otros habitantes del planeta Venus. Se juega por turnos.

A	B
Describe uno a tu compañero.	Escucha a tu compañero e indica al alienígena.

a

b

c

Fonética

ACENTUACIÓN DE LAS PALABRAS ESDRÚJULAS

1. Escucha y observa.

- América
- número
- México
- tarde

- miércoles
- bolígrafos
- nieto
- abuela

- delgado
- deportista
- color
- matemáticas

- sílaba
- último
- gramática
- teléfono

2. En tu cuaderno, clasifica las palabras.

Antepenúltima sílaba   Penúltima sílaba   Última sílaba

■ ■ ■ ■   ■ ■ ■   ■ ■ ■

Aprende la regla general:

Las palabras con el acento en la antepenúltima sílaba llevan siempre un acento escrito (tilde). Se llaman esdrújulas.

3 . ¿Cómo es cada...

Primero, diga a los alumnos que vuelvan a leer detenidamente el texto del ejercicio 1 y después que lo escondan. Seguidamente, pídales que relacionen las palabras sólo con la ayuda de la ilustración.

4 . Estos son otros...

Recalque que hay que usar todas las palabras introducidas en la actividad 2.

Ampliación
Puede presentar este vocabulario.
a. *los cuernos.*
b. *los dientes, puntiagudos, el rabo, los dedos.*
c. *las alas, las uñas.*

FONÉTICA

• *América, número, México, miércoles, bolígrafos, matemáticas, sílaba, último, gramática, teléfono.*
• *tarde, nieto, abuela, delgado, deportista.*
• *color.*

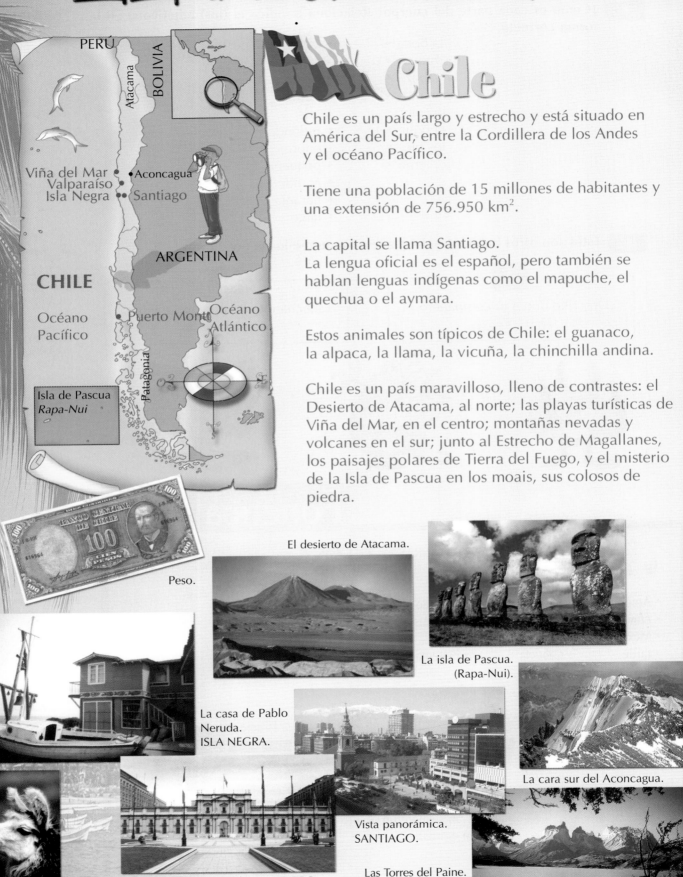

Chile

Chile es un país largo y estrecho y está situado en América del Sur, entre la Cordillera de los Andes y el océano Pacífico.

Tiene una población de 15 millones de habitantes y una extensión de 756.950 km^2.

La capital se llama Santiago.
La lengua oficial es el español, pero también se hablan lenguas indígenas como el mapuche, el quechua o el aymara.

Estos animales son típicos de Chile: el guanaco, la alpaca, la llama, la vicuña, la chinchilla andina.

Chile es un país maravilloso, lleno de contrastes: el Desierto de Atacama, al norte; las playas turísticas de Viña del Mar, en el centro; montañas nevadas y volcanes en el sur; junto al Estrecho de Magallanes, los paisajes polares de Tierra del Fuego, y el misterio de la Isla de Pascua en los moais, sus colosos de piedra.

PERÚ

BOLIVIA

Atacama

Viña del Mar
Valparaíso
Isla Negra
• Aconcagua
• Santiago

ARGENTINA

CHILE

Océano
Pacífico
• Puerto Montt
Océano
Atlántico

Patagonia

Isla de Pascua
Rapa-Nui

Peso.

El desierto de Atacama.

La isla de Pascua.
(Rapa-Nui).

La casa de Pablo Neruda.
ISLA NEGRA.

La cara sur del Aconcagua.

Vista panorámica.
SANTIAGO.

Llama.

El Palacio de la Moneda. SANTIAGO.

Las Torres del Paine.
PATAGONIA.

El Museo Bellas Artes. VALPARAÍSO.

Las Torres del Paine. PATAGONIA.

VIÑA DEL MAR.

La isla de Pascua. (Rapa-Nui).

Vista de Santiago desde el cerro San Cristóbal.

El estuario Reloncavi. PUERTO MONTT.

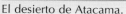
El desierto de Atacama.

Glaciares Laguna de San Rafael. PATAGONIA.

Vista de SANTIAGO.

Grupo de guanacos.

VIÑA DEL MAR.

Los Andes.

Documentos

Dos poetas chilenos del siglo XX: Gabriela Mistral, Premio Nobel de Literatura en 1945, y Pablo Neruda, Premio Nobel de Literatura en 1971.

Gabriela Mistral. Escribió muchos poemas sobre los niños. Este es un fragmento de uno de ellos.

El Ángel Guardián

Es verdad, no es un cuento;
hay un Ángel Guardián
que te toma y te lleva como el viento
y con los niños va por donde van.

Oda a la Papa

PAPA,
te llamas papa
y no patata,
no naciste castellana:
eres oscura
como
nuestra piel,
somos americanos,
papa,
somos indios.

Pablo Neruda. Escribió una colección de poemas sobre cosas muy sencillas, como la cebolla, el vino, el tomate y la "papa"o pata-ta. La patata o papa viene de América.

CHIC@S en la red

La página *web* de Eva y su mascota.

Google

Atrás | Adelante | Detener | Actualizar | Página principal | Favoritos | Historial | Buscar | Autorrelleno | Mayor | Menor | Imprimir | Correo | Preferencias

Dirección: http://www.

Página inicial de actualidad | Apple | iTools | Soporte de Apple | Apple Store | Productos para Mac | Microsoft Office

Las diferentes razas de perros

¿Cuántos años vive un perro?

¿Qué come el perro?

El cuidado del perro

Perros famosos

Busca más poesías sobre animales de estos autores:
Rafael Alberti
María Elena Walsh

Me llamo Eva y me gustan mucho los animales.
Mi mascota preferida es el perro.
Tengo uno: se llama Bingo, es un cachorro y tiene cinco meses.
Es muy cariñoso y juguetón.
Le gusta mucho correr.

Tengo un libro de poesías sobre animales.
Mi poesía preferida se llama La ardilla y es del poeta mexicano Amado Nervo.

La ardilla corre.
La ardilla vuela.
La ardilla salta
como locuela.
Mamá, ¿la ardilla
no va a la escuela?

Ven, ardillita,
tengo una jaula
que es muy bonita.
No; yo prefiero
mi tronco de árbol
y mi agujero.

1. ¿Cuántas secciones tiene esta *web*?
2. Describe el mensaje de Eva.
3. ¿Te gustan los animales?
4. ¿Tienes una mascota? ¿Cómo se llama? ¿Cuántos años tiene?
5. a. Lee la poesía. b. ¿Por qué no te la aprendes de memoria?

6. Confecciona tu página y mándala a chicos-chicas@ edelsa.es

FICHA RESUMEN

COMUNICACIÓN

• Presentar a su familia
Es mi padre, son mis abuelos...
Mi hermano tiene 15 años...

• Contar hasta cien

• Describir el aspecto físico de una persona
Es alto, bajo, rubio...
Tiene los ojos verdes, azules...
Lleva gafas, bigote...

GRAMÁTICA

• Adjetivos posesivos
mi, tu, su, nuestro/a, vuestro/a, su, mis, tus, sus, nuestros/as, vuestros/as, sus.
• Adjetivo calificativo: género y número
Tiene *el* pelo larg*o*, moren*o*, *los* ojo*s* verde*s* y es alt*a*...

VOCABULARIO

• La familia
Los abuelos (el abuelo/la abuela), los padres (el padre/la madre),
los hermanos (el hermano/la hermana)...
• Adjetivos para describir físicamente a una persona
Alto/a, gordo/a, delgado/a...
• Las partes del cuerpo
El pelo, la cabeza, la cara, la nariz, los ojos, la boca...
• Algunas mascotas
El perro, el gato...
• Los números hasta 100
Treinta y dos, treinta y tres, cuarenta...

5 Unidad

Hemos ido al Parque Safari

🎧 **1.** **Escucha y lee.**

Armando:	¿Qué tal la visita al Parque Safari?
Miguel:	¡Genial! Hemos llegado a las diez y media. Primero hemos visto elefantes, jirafas, leones y muchos animales de África.
Armando:	¿Has sacado fotos?
Miguel:	Sí, muchas. También he comprado un libro sobre la vida de los leones.
Armando:	Y después ¿qué habéis hecho?
Miguel:	Hemos visitado el acuario para ver los tiburones. ¡Bastante impresionante! Luego hemos comido en la cafetería.
Armando:	¿Y por la tarde?
Miguel:	Hemos ido al espectáculo de los delfines. Al principio han salido del agua y nos han saludado. Me ha gustado mucho.
Armando:	¡Qué suerte! La próxima vez, voy con vosotros.

1. **Escucha y lee.**

Unos días antes de empezar esta unidad, puede invitar a los estudiantes a que visiten la página *web* del zoo de Barcelona (http://www.zoobarcelona.com/) y anoten el nombre de sus diez animales preferidos.

Ponga los nombres en común.
Pida a los alumnos que abran el libro por la página 62 y observen las ilustraciones. ¿Qué animales reconocen?
Antes de poner la cinta, explique la situación escribiendo las formas en Pretérito Perfecto en la pizarra, destacando el verbo *haber* y la terminación de los participios: *Hoy, Miguel ha ido al Parque Safari. Por la noche, habla por teléfono con su amigo Armando y le cuenta a qué hora ha llegado, qué ha visitado, qué animales ha visto y dónde ha comido.*

2. **Escucha de nuevo...**

Indique a los alumnos que ordenen las frases después de la audición y tapando el texto de la página 62.

Ampliación
Plantee las siguientes preguntas:
• *¿A qué hora ha llegado?*
• *Nombra cuatro animales del Parque.*
• *¿Dónde están los tiburones?*
• *¿Qué han hecho los delfines al principio del espectáculo?*

2. Escucha de nuevo a Miguel; luego, tapa el texto y ordena las actividades cronológicamente.

- ③ Ha visitado el acuario de los tiburones.
- ② Ha comprado un libro sobre los leones.
- ⑤ Ha ido al espectáculo de los delfines.
- ① Ha visto animales de África.
- ④ Ha comido en la cafetería del Parque.

3. Observa. Para contar su visita al Parque Safari, Miguel usa el **Pretérito Perfecto**.

PRESENTE DE HABER	PARTICIPIO	PARTICIPIOS IRREGULARES	
(Yo) he		Abrir	Abierto
(Tú/vos) has/habés	llegado (llegar)	Decir	Dicho
(Usted/él/ella) ha	comido (comer)	Describir	Descrito
(Nosotros/as) hemos	salido (salir)	Escribir	Escrito
(Vosotros/as) habéis		Hacer	Hecho
(Ustedes/ellos/ellas) han		Poner	Puesto
		Romper	Roto
		Ver	Visto
		Volver	Vuelto

- Con los verbos pronominales, el pronombre va antes del verbo **haber**:
Esta mañana me he levantado a las siete.

- El **Pretérito Perfecto** se usa con estas expresiones:

Hoy	Este año/curso/mes/fin de semana...
A las dos/tres/cuatro...	Esta mañana/tarde/semana...
Una vez - dos/tres/... veces	Estas vacaciones...

4. Cuenta tu fin de semana a tu compañero. Indica cuatro actividades: dos verdaderas y dos falsas. Tu compañero debe adivinar si es verdad o no es verdad.

He ido a una fiesta.

Es verdad.

He visto a Enrique Iglesias en el supermercado.

No es verdad.

5. Escribe una carta a un amigo. Cuenta tu fin de semana.

¡Hola, Marta!
¿Qué tal el fin de semana?
Pues yo he salido con mis amigos...

3. Observa. Para...

Comente el cuadro haciendo hincapié en que sólo se usa el auxiliar *haber* y que el participio pasado es invariable y no debe separarse del auxiliar. Subraye las expresiones temporales y dé ejemplos con cada una: *Hoy, Miguel ha ido al Parque Safari. A las dos, ha comido en la cafetería. Este fin de semana he comido en casa de un amigo. Esta mañana, Juan se ha levantado a las ocho. Estas vacaciones hemos visitado Granada.*

4. Cuenta tu fin de...

Deje que los alumnos preparen primero las frases por escrito. Pase por las mesas para ayudarles y anímelos a preguntarle vocabulario. Luego, ponga todas las frases en común e invite a los alumnos a que las copien en su cuaderno (para que cada uno pueda sacar partido de los conocimientos de sus compañeros).
Ejemplos de frases: *He navegado por Internet y he visitado la página de... Me he levantado tarde. He ido a casa de un amigo. He estudiado. He leído. He hecho los deberes. He dibujado. He escrito a un amigo. He salido con mi pandilla. Me he acostado tarde. He dormido en casa de un amigo. He comido en un restaurante con mis padres. He jugado con mi perro.*

5. Escribe una carta...

Diga a los alumnos que realicen esta actividad en casa, cuidando especialmente la presentación: escritura legible sin tachones ni faltas de ortografía, párrafos bien marcados... Sugiérales que usen las frases de la actividad anterior (no importa que sean verdaderas o falsas).

1. Lee el cartel y contesta a estas preguntas.

Gran Concurso NATURALEZA XXI

¿Tienes entre 11 y 13 años?

Con tu profesor de ciencias escribe un texto sobre tres animales en vías de extinción de tu país y gana un viaje al Parque Safari para tu clase.
BASES:
- Edad comprendida entre 11 y 13 años.
- Plazo de presentación: junio 2005.
- Texto de una página por animal.
- Trabajo de toda la clase firmado por el profesor.

¿Cómo se llama el concurso?   Naturaleza XXI.
¿Cuál es el tema?   Los animales en vías de extinción.
¿Cuántos animales debes presentar?   Tres.
¿Cuáles son las condiciones para participar?

Tener entre 11 y 13 años.
Presentar el trabajo en junio de 2005.
Escribir una página por animal.
Trabajar con toda la clase y poner la firma del profesor.

2. Miguel habla del concurso con dos compañeros. Escucha la conversación y relaciona.

Miguel ha leído el anuncio • — • el concurso.
Ha encontrado información • — • en Internet.
Ha hablado con • — • su profesor de C. Naturales.
Al profesor le ha gustado • — • en una revista.

3. Miguel y sus compañeros se han repartido el trabajo. ¿Qué ha hecho ya y qué no ha hecho todavía cada grupo?

- *El grupo 1 ya ha ido a la biblioteca.*
- *Todavía no ha hecho la ficha sobre cada animal.*

1. Lee el cartel y...

Saque un voluntario para leer el cartel en alto y resuelva las dudas de vocabulario. Luego, deje que los alumnos trabajen individualmente y por escrito. Dígales que tienen que escribir frases completas, retomando las palabras de las preguntas.

2. Miguel habla...

Los alumnos han de relacionar las frases después de escuchar íntegramente la grabación.
Pídales que indiquen el infinitivo de cada forma en Pretérito Perfecto.

3. Miguel y sus...

Aquí se introducen dos marcadores temporales que acompañan al Pretérito Perfecto: *ya* y *todavía no*. (*Ya* indica que algo se ha hecho, y *todavía no* expresa que está por hacer.)

- Todavía no *ha hecho la ficha sobre cada animal.*
- Ya *ha ido a la biblioteca.*

Grupo 2
Buscar páginas en Internet. ✓
Visitar las páginas.
Resumir los textos.

Toda la clase.
Resumir toda la información.
Escribir el texto en el ordenador.
Escanear las fotos.
Enviar el trabajo.

Grupo 1
Ir a la biblioteca.
Leer artículos de revistas. ✓
Copiar la información. ✓
Hacer una ficha sobre cada animal.

Todavía no ha copiado la información.
Todavía no ha hecho una ficha sobre cada animal.

Ya ha buscado páginas en Internet.
Todavía no ha visitado las páginas.
Todavía no ha resumido los textos.

Grupo 3
Hablar con el profesor de ciencias. ✓
Comprar revistas sobre animales. ✓
Recortar fotos.

Ya ha hablado con el profesor de ciencias.
Ya ha comprado revistas sobre animales.
Todavía no ha recortado fotos.

Todavía no ha resumido toda la información.
Todavía no ha escrito el texto en el ordenador.
Todavía no ha escaneado las fotos.
Todavía no ha enviado el trabajo.

4. ¡Han ganado el concurso!

a. Miguel llama por teléfono a sus padres, pero no se oye bien. Reconstruye la conversación.

Padre: ¿Sí, dígame?

Miguel: Hola, papá, soy Miguel.

Padre: Srsrsresrsrsresrsrsresresresrsr
¡Miguel! Bueno, cuenta, ¿qué tal tu visita?

Miguel: Esta mañana nos hemos levantado muy pronto. El guía ha llegado a las nueve, nos ha contado la historia del Parque y nos ha hablado de los animales. Luego, hemos ido a la playa.

Padre: Srsrsresrsrsresrsrsresresresrsr
¿Y os habéis bañado?

Miguel: Sí.

Padre: Srsrsresrsrsresrsrsresresrsr
¿Y qué has visto?

Miguel: Hemos visto monos, rinocerontes…

Padre: Srsrsresrsrsresrsrsresresrsr
¿Has sacado muchas fotos?

Miguel: Sí, muchas.

Madre: Srsrsresrsrsresrsrsresresrsr
¿Dónde habéis comido?

Miguel: En la playa, un bocadillo.

Madre: Srsrsresrsrsresrsrsresresrsr
¿Te ha gustado el Parque?

Miguel: Sí, mucho. Bueno, mañana llamo. Un beso a los dos.

4. ¡Han ganado el...

Motivación

Con los libros cerrados: explique la situación a los alumnos y dígales que, en parejas, imaginen la conversación.
Deje luego que trabajen individualmente. Pase por las mesa para ayudar a los alumnos que lo necesiten. Hágales observar las siguientes palabras que permiten colocar las frases.

la playa > ¿Y os habéis bañado?
Hemos visto > ¿Y qué has visto?
muchas (fotos) > ¿Has sacado muchas fotos?
playa/bocadillo > ¿Y dónde habéis comido?

Directorios, buscadores y portales sobre ecología:
http://www.golfdiario.com.ar/ecologia.htm

¿Y os habéis bañado?
¿Has sacado muchas fotos?
¿Te ha gustado el Parque?
¡Miguel! Bueno, cuenta, ¿qué tal tu visita?
¿Y qué has visto?
¿Dónde habéis comido?

b. Escucha y verifica.

5 Unidad

Mundo animal

1. **Observa.**

SEGUIR	
(Yo)	sigo
(Tú)	sigues
(Usted/él/ella)	sigue
(Nosotros/as)	seguimos
(Vosotros/as)	seguís
(Ustedes/ellos/ellas)	siguen

Seguir recto

Girar a la derecha

Girar a la izquierda

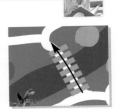
Cruzar

 2. **a. Escucha las indicaciones del guía a Miguel y sigue las instrucciones.**

Miguel: Por favor, ¿el camino para ir a ver los elefantes ?
Guía: Bueno... estamos en la entrada, entonces giras la primera a la izquierda.
A tu izquierda está el oso panda. Sigues recto y giras la primera a la derecha: estás entre el hipopótamo y la jirafa. Después giras a la izquierda y cruzas el río. Enfrente están los elefantes .
Miguel: Vale. Muchas gracias. ¡Hasta luego!
Guía: De nada. Adiós.

Con los libros cerrados: pregunte a los alumnos qué nombres de animales recuerdan.

1. Observa.

Llame la atención de la clase sobre el Presente del verbo *seguir*. Se conjuga como vestir (página 39). La *u* desaparece en la forma *yo*.

2. Escucha las...

Deje que los alumnos observen el nombre de los animales. ¿Cuáles tienen un género diferente en español y en su lengua materna?

a.

Deles unos minutos para que se miren de nuevo los cuadros del ejercicio 1. Luego, pídales que sigan el camino en el plano mientras escuchan la cinta. ¿Qué animal quiere ver Miguel?

b.

Los alumnos han de transformar los verbos del ejercicio *a* en Pretérito Perfecto y en tercera persona del singular (repaso de los contenidos de la lección anterior).

La cabra montesa: especie de los Pirineos y algunas zonas de Castilla.
Estas son otras páginas de zoos y parques.
- Zoo de Valencia:
http://www.xarxamuseus.com/zoo/
- Zoo de Madrid:
http://www.zoomadrid.com
- Aqualeón Park de Tarragona
(parque acuático safari con más de 600 animales de 50 especies diferentes, y espectáculos de papagayos, rapaces y leones marinos): http://www.aspro-ocio.com/esp/p_03.htm
- Zoo de Luján (Argentina):
http://www.zoolujan.com/

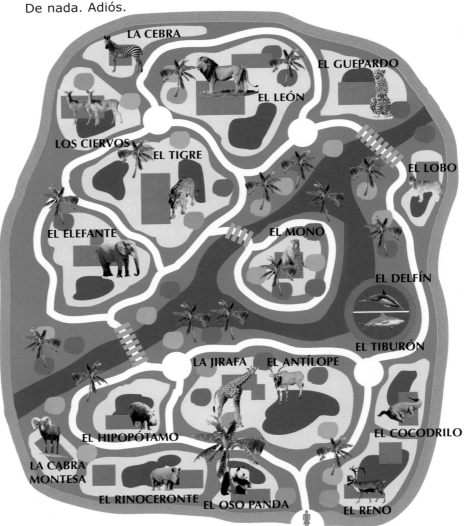

LA CEBRA
EL GUEPARDO
EL LEÓN
LOS CIERVOS
EL TIGRE
EL LOBO
EL ELEFANTE
EL MONO
EL DELFÍN
EL TIBURÓN
LA JIRAFA   EL ANTÍLOPE
EL HIPOPÓTAMO
EL COCODRILO
LA CABRA MONTESA
EL RINOCERONTE   EL OSO PANDA   EL RENO
ENTRADA

b.
- ¿Qué camino ha utilizado?
- ¿Qué animales ha visto? ¿Cuáles no?
- ¿Cuál es el animal más alto del Parque?

3. Observa.

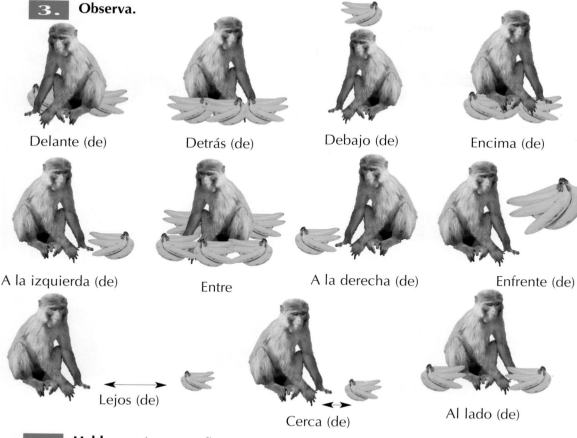

Delante (de)   Detrás (de)   Debajo (de)   Encima (de)

A la izquierda (de)   Entre   A la derecha (de)   Enfrente (de)

Lejos (de)   Cerca (de)   Al lado (de)

4. Habla con tu compañero.

A

Indica un camino.

B

Sigue el camino en el plano.
¿Qué animales has visto?
Clasifícalos: mamíferos, reptiles, peces.

5. Mira el plano del Parque Safari.
¿Verdadero o falso?

- La jirafa está entre la cebra y el hipopótamo. F
- El oso panda está debajo del árbol. V
- El mono está delante de un árbol. F
- El guepardo está entre el león y el lobo. V
- La cebra está lejos de la entrada. V
- El reno está cerca de la entrada. V
- El oso panda está enfrente de la jirafa. V
- El elefante está al lado del tigre. V

Para situar se usa el verbo ESTAR.

	ESTAR
(Yo)	estoy
(Tú/vos)	estás
(Usted/él/ella)	está
(Nosotros/as)	estamos
(Vosotros/as)	estáis
(Ustedes/ellos/ellas)	están

6. Sitúa un animal sin decir el nombre.
Tus compañeros indican cuál es.

Está entre el león y el elefante.

El tigre.

- Ha girado la primera a la izquierda. Ha seguido recto y ha girado la primera a la derecha y la primera a la izquierda y ha cruzado el río.
- Ha visto: el reno, el oso panda, el antílope, la jirafa, el rinoceronte, el hipopótamo, el elefante. No ha visto: la cebra, el león, el guepardo, los ciervos, el tigre, el lobo, el mono, el delfín, el tiburón, el cocodrilo y la cabra montesa.
- El animal más alto del Parque es la jirafa. También es el animal más alto del mundo (seis metros).

3. Observa.

Con los libros cerrados, presente este nuevo vocabulario situando algunos objetos del aula
Ejemplos: *El libro está sobre la mesa. La mochila de... está debajo de su silla.*

4. Habla con tu...

Ejemplifique la actividad con un alumno.

Mamíferos: todos excepto el tiburón y el cocodrilo.
Reptiles: el cocodrilo.
Peces: el tiburón.
(Subraye que el delfín es un mamífero, no un pez.)
Nota: proporcione el singular de *pez: peces.*
(Compárelo con *lápiz/lápices*, introducido en la lección 3.)

5. Mira el plano...

Dé unos cuantos minutos a los estudiantes para que se aprendan las palabras de la actividad 3. Luego, pídales que las escondan y trabajen en parejas.

Consolidación
Los alumnos corrigen las frases erróneas.

6. Sitúa un animal...

Primero los alumnos escriben tres oraciones cada uno en su cuaderno y, después, se las proponen a sus compañeros.

1. Escoge la respuesta...

Para que los alumnos puedan sacar provecho de los conocimientos de sus compañeros, invítelos a trabajar en grupos.

Consolidación
Fuera del aula, los alumnos han de buscar datos sobre otros animales: Cuántos años viven. Cuánto pesan. Dónde viven. Cuántas crías tienen. Si son mamíferos, peces...

2. ¿Te gusta la...

Explique el significado de *granja*: casa en el campo con edificios para las personas y los animales (vacas, cerdos, gallinas, conejos...).

3. María escribe...

Deje que los alumnos se familiaricen individualmente con el texto. Luego, solicite voluntarios para leerlo en voz alta y resuelva las dudas de vocabulario.

Nota: los alumnos han de contestar con frases completas, retomando el vocabulario de las preguntas.

- Última pregunta: los alumnos tienen que pasar a tercera persona del singular las frases del texto (formas verbales y adjetivos posesivos): *María ha hecho una excursión. Ha visitado una granja con su profesor de Ciencias de la Naturaleza. Ha ido en autobús y ha cantado durante todo el viaje...*

Consolidación
Pida a los alumnos que escriban en su cuaderno todas las formas en Pretérito Perfecto e indiquen los infinitivos. Dícteles el texto. Anímelos a que copien en su cuaderno todo el vocabulario nuevo.

---

1. Escoge la respuesta correcta. Luego, escucha y comprueba.

- El gorila mide... (1,68 metros.) 2,37 metros.
- El león corre... 74 km/h. (58 km/h.)
- El delfín nada a... (50 km/h.) 37 km/h.
- El hipopótamo vive... (45 años.) 52 años.
- El cocodrilo tiene... (65 dientes.) 94 dientes.
- Al día, el hipopótamo come... 35 kg de hierba. (55 kg de hierba.)

Querida Sara:

¡Hoy es lunes y no hemos tenido clase! Hemos hecho una excursión, hemos visitado una granja con nuestro profesor de Ciencias de la Naturaleza. Se llama Los caballos y está cerca, a cuarenta y ocho kilómetros de nuestro colegio, al lado de un pequeño pueblo.
Hemos ido en autobús y hemos cantado durante todo el viaje. Hemos salido a las ocho y media y hemos llegado a las diez menos veinticinco.
Primero hemos ido al establo. Está detrás de la granja. Hemos visto vacas y hemos bebido leche, ¡qué rica! Luego hemos hecho pan, ¡es superfácil! A las doce, hemos dado de comer a los conejos y a los pollos. Hemos comido a la una y media.
Por la tarde, hemos visitado el pueblo. Hemos ido andando porque está muy cerca de la granja, a dos kilómetros. Luego hemos vuelto a la granja para ver los caballos. He sacado muchas fotos.

Un beso,   María

2.

¿Te gusta la naturaleza?
¿Has ido alguna vez a una granja?

3.

María escribe una carta a su amiga Sara y le cuenta su visita a la granja Los caballos.

- ¿Cómo se llama la granja? Los caballos.

- ¿Dónde está? A 48 km del colegio.

- ¿Cómo han viajado? En autobús.

- ¿Cuánto ha durado el viaje? Una hora y cinco minutos.

- ¿Qué han visto? Vacas, conejos, pollos, caballos.

- Escribe en tu cuaderno las actividades que ha hecho María.

Ha hecho una excursión...

Otras actividades extraescolares: informática, música, Internet, teatro, actividades deportivas, manualidades, dibujo, visitas culturales, excursiones al campo, a parques, bosques, embalses... visita al parque de bomberos, intercambios con otros institutos...

4. Observa la ilustración y di dónde están...
El perro, el conejo...

Respuestas posibles:
- *El perro está encima del elefante.*
- *El gato está debajo del elefante.*
- *La jirafa está detrás del elefante.*
- *El elefante está delante de la jirafa.*
- *El hipopótamo está detrás del elefante.*
- *El león está al lado del elefante.*
- *El león está entre el conejo y la jirafa.*
- *El delfín está detrás de la jirafa.*
- *El tigre está sobre un árbol.*

Variantes
1. Motive a los alumnos para que digan frases verdaderas o falsas a sus compañeros.

Ejemplos:
- *El gato está sobre el elefante.* [F]
- *El león está delante de la jirafa.* [V]

2. Invite a los alumnos a que observen la ilustración durante dos minutos y cierren luego el libro. Pregúnteles dónde está cada animal.

Ampliación
Puede introducir el siguiente vocabulario relacionado con el cuerpo de los animales: *las orejas, el rabo, la trompa, los colmillos.*

Fonética

PALABRAS AGUDAS, LLANAS Y ESDRÚJULAS.

1. Escribe en tu cuaderno las tildes necesarias.

Palabras agudas	Palabras llanas	Palabras esdrújulas
▄ ▄ ▄	▄ ▄ ▄	▄ ▄ ▄
azul	bigote	próxima
autobús	mochilas	espectáculo
animal	fácil	hipopótamo
tiburón	febrero	rápido
José	chicos	película
unidad	Gómez	número
visitar	útil	hispánico
mamá	desayunan	Atlántico

Perú

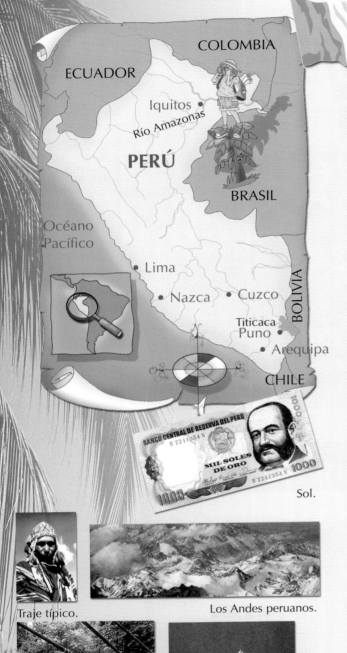

COLOMBIA
ECUADOR
Iquitos
Río Amazonas
PERÚ
BRASIL
Océano
Pacífico
Lima
Nazca · Cuzco
BOLIVIA
Titicaca
Puno
Arequipa
CHILE

BANCO CENTRAL DE RESERVA DEL PERÚ
MIL SOLES DE ORO
1000

Sol.

Perú tiene una superficie de 1.285.216 kilómetros cuadrados, 26 millones de habitantes, y su capital es Lima.

Está situado en la costa del Pacífico y es el tercer país más grande de América del Sur, después de Brasil y Argentina.

Tiene frontera con cinco países: Ecuador, Colombia, Brasil, Bolivia y Chile.

En Perú hay tres paisajes muy diferentes:
- La costa del océano Pacífico, con grandes playas.
- La Cordillera de los Andes.
- La selva amazónica.

Las lenguas oficiales son el español y el quechua, pero también se habla el aymara.

Perú tiene lugares maravillosos, llenos de historia y de magia:

Titicaca, el lago navegable más alto del mundo. Sus aguas pertenecen a Perú y a Bolivia. Hay muchas leyendas incas sobre el Titicaca.

Nazca, al sur de Lima, tiene unos misteriosos dibujos en la tierra a lo largo de 500 km^2.

Cuzco y el Machu-Picchu: Cuzco, capital del Imperio Inca.
Cerca de Cuzco está Machu-Picchu, ciudad sagrada de los incas. Es Patrimonio Cultural de la Humanidad.

Traje típico.

Los Andes peruanos.

Cóndor.

Indígenas del Amazonas.

El lago Titicaca.

El Machu-Picchu.

PUNO.

La estatua de Pizarro.

El Machu-Picchu.

La Catedral. CUZCO.

La Selva. IQUITOS.

El lago Titicaca.

El Parque de la cultura. LIMA.

AREQUIPA.

Las líneas de Nazca.

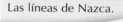

Las líneas de Nazca.

La Catedral. LIMA.

Totora. Lago Titicaca.

La Plaza de los Sacrificios.

La Roca del cóndor.

El monumento a Ricardo Palma.

Las líneas de Nazca.

El Valle sagrado de los Incas.

Documentos — Mitología inca (Perú)

- Las divinidades más importantes:

• **VIRACOCHA** (Señor, maestro del mundo)
Viene de las aguas del lago Titicaca. Crea el cielo, la tierra y la primera generación de gigantes que viven en la oscuridad.

• **INTI** (El Sol)
Divinidad popular y muy importante. Recibe ofrendas de oro y ganado. Se le sacrifican también mujeres jóvenes: Las Vírgenes del Sol.

• **MAMA QUILLA** (Madre Luna)
Esposa de Inti. Divinidad del cielo.

• **PACHA MAMA** (Madre Tierra)
Da fertilidad a los campos.

- Otras divinidades:

• **MAMA SARA** (Madre del maíz)
• **MAMA COCHA** (Madre del mar)

Extracto de oración a Viracocha
Los padre incas piden protección al dios para su hijo.

"Hacedor del mundo,
luminoso Señor,
raíz de vida, Viracocha,
dios siempre cercano,
dios de la existencia
y de la muerte.
......

Que vivan libres y en paz
la ciudad y el mundo.
Preserva a este niño,
a tu criatura,
durante muchos días,
hasta que pueda perfeccionarse."

CHIC@S en la red

La página *web* de cuatro jóvenes ecologistas de Burgos.

Aves

Mamíferos

Peces

Reptiles

Animales en vías de extinción

ONG ecologistas

GREENPEACE España

Friends of the Earth
Les Amis de la Terre
Amigos de la Tierra

WWF

¿Quiénes somos?
Nos llamamos Lucas, Andrea, Patricia y Javier: somos de Burgos, provincia de la comunidad de Castilla y León. Tenemos 13 años.

¿Qué hacemos?
Nos gusta la naturaleza, sobre todo los animales. ¡¡Nos gustan TODOS los animales!!
Hemos creado una página *web*: se llama *El Club de los jóvenes ecologistas.*
En nuestra página, presentamos fichas y fotos de animales del mundo entero, escritas por nuestros socios.

Para ser socio del Club
Es muy fácil:
- Escribe una ficha sobre un animal (indica su nombre y su hábitat, explica cómo vive).
- Manda la ficha por correo electrónico.

¡Únete al Club!
Ya somos más de 2.000

¿Lo sabías?

- El caracol tarda una hora en caminar 50 centímetros.
- El gato ve en blanco y negro.
- La tortuga vive más de 100 años.
- La jirafa es el animal más alto del mundo: mide 6 metros.

Nuestra poesía favorita: se llama *Mariposa* y es del poeta boliviano Óscar Alfaro.

Señorita
*   MARIPOSA*
mariposa.
Abanico que se agita
junto al rostro de una rosa.

---

1. Investiga y hazte socio del club (usa Internet, una enciclopedia, el diccionario, tus libros de texto...).

A. Elige un animal y completa la ficha.
- Nombre.
- ¿Cuánto mide?
- ¿Cuánto pesa?
- ¿Dónde vive? (país o continente).
- ¿Cuántos años vive?
- ¿Qué come?

B. Escribe el nombre de dos animales en vías de extinción.

2. ¿Qué organizaciones ecologistas se mencionan? ¿Las conoces?

FICHA RESUMEN

COMUNICACIÓN

- Contar actividades pasadas

He ido al zoo, hemos comido en una cafetería...

- Expresarse con cortesía

Perdón, por favor.

- Preguntar el camino

¿Dónde está/están...?

- Dar instrucciones

Sigues recto, luego giras a la derecha, después la primera a la izquierda y cruzas el río...

- Situar en el espacio

El mono está delante (de), detrás (de), debajo (de), encima (de), entre, enfrente (de), lejos (de), cerca (de), al lado (de)...

GRAMÁTICA

- El pretérito perfecto

Presente del verbo *haber* + participio: *Miguel ha visitado el Parque.*

- Expresiones temporales con Pretérito Perfecto

Hoy, esta mañana, esta tarde...

- Participios regulares: *-ar > -ado ; -er/-ir >-ido*
- Participios irregulares

Abrir> abierto, decir> dicho, escribir> escrito, hacer> hecho, poner>puesto, romper > roto, ver> visto, volver>vuelto.

- Preposiciones de lugar: *al lado de, cerca de, lejos de, enfrente de...*

VOCABULARIO

- Actividades para buscar y procesar información

Navegar en Internet, ir a la biblioteca, leer artículos, escanear fotos, resumir la información, hacer una ficha...

- Animales salvajes

Una cebra, un león, un guepardo, un lobo, un tiburón, un delfín, un mono...

Carmen es simpática

1. **Lee.**

habladora

aburrido

simpática

gracioso

trabajador

alegre

egoísta

tímida

Generoso/a	Orgulloso/a
Ordenado/a	Reservado/a
Educado/a	Envidioso/a
Inteligente	Obediente
Hablador/-a	

estudiosa

vago

2. **a.** **Escucha a Carmen y Marta: hablan de Miguel y Pablo.**

b. **Di los adjetivos que faltan.**

Carmen: Marta, ¿te gusta el nuevo?
Marta: ¿Pablo? Sí... es superguapo. Se parece a Brad Pitt.
Carmen: ¡Brad Pitt! ¡Qué dices!
Marta: Sí... es alto, delgado, rubio...
Carmen: ¡Y es orgulloso!
Marta: No... He hablado con él esta mañana. Es muy simpático y muy alegre.
Carmen: ¡Simpático! Pues yo también he hablado con él y no me ha gustado, no es mi tipo. Me gusta más Miguel, porque es muy gracioso y moreno.
Marta: ¡Gracioso! ¡Qué dices! Es bastante reservado.
Carmen: Bueno... un poco, también es educado.
Marta: ¡Bah! Es tímido y aburrido.

Los alumnos van a aprender los adjetivos relacionados con los rasgos del carácter (con el verbo *ser*). Su introducción se hace de forma progresiva: primero se presentan los adjetivos (con ilustraciones para facilitar su comprensión), luego se integran en dos conversaciones (la primera con las formas masculinas y la segunda con las femeninas). Por fin, se proporciona un cuadro gramatical (masculino/femenino, singular/plural).

1. Lee.

Solicite un voluntario para leer los adjetivos en voz alta y resuelva las dudas. Dé a los alumnos unos minutos para que se familiaricen con este vocabulario y dígales que copien los adjetivos en su cuaderno para consolidar su ortografía. Por el momento no haga hincapié en las formas femeninas ni masculinas.

2. a./b.

Con los libros cerrados. Explique la situación y pida a los alumnos que escuchen el diálogo fijándose en los adjetivos. Después de la grabación invítelos a hacer la lista de todos los adjetivos que recuerden (todos aparecen en la forma masculina), y escríbalos en la pizarra. Ponga de nuevo la cinta con los libros abiertos para que los alumnos puedan realizar el ejercicio b.

3.

a. Lee. Miguel y Pablo hablan de Carmen y Marta.

Pablo: Dime, Miguel, ¿te gustan las chicas de nuestra clase?
Miguel: Sí... Sobre todo Carmen. Me gusta su pelo y es muy simpática. He hablado esta mañana con ella y es muy agradable.
Pablo: Es bastante habladora, pero es un poco orgullosa, ¿no crees?
Miguel: No, no es orgullosa... es muy simpática.
Pablo: Pues a mí no me gusta, no es mi tipo. A mí me gusta Marta, es muy graciosa.
Miguel: ¡Graciosa! No... Es tímida.
Pablo: Bueno... es un poco reservada. Y es muy inteligente.
Miguel: ¡Cuidado! Ahí vienen...

(Llegan las chicas.)

Miguel: ¡Hola, Carmen! ¿Qué tal?
Carmen: ¡Hola, Miguel!

b. Completa con los nombres de las chicas y su descripción.

Marta

Pablo

Es...

Muy graciosa, un poco reservada y muy inteligente.

Carmen

Miguel

Es...

Muy simpática y muy agradable.

4. Observa.

LOS ADJETIVOS

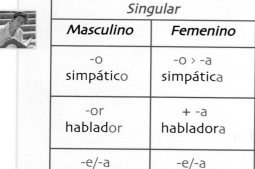

Singular		Plural	
Masculino	**Femenino**	***vocal***	**+ -s**
-o simpátic**o**	-o > -a simpátic**a**	simpático tímida inteligente	simpático**s** tímida**s** inteligente**s**
-or hablad**or**	+ -a hablad**ora**	***consonante***	**+ -es**
-e/-a inteligent**e**	-e/-a inteligent**e**	hablad**or**	hablad**ores**

5. La familia ideal.

Describe a:
-tu hermano/ hermana ideal,
-tu amigo/a ideal,
-los padres ideales,
y los hijos ideales (para los padres).

Mi hermano ideal es...

Muy
Bastante   + adjetivo
Un poco

Sebastián es muy simpático.

---

3. a./b.

Deje que los alumnos descubran el texto individualmente. Luego, saque voluntarios para leerlo en voz alta de forma expresiva. Hagan todos juntos la relación de los adjetivos (todos son femeninos).
Anime a los alumnos a que comparen las formas masculinas y femeninas y formulen la regla de formación del femenino (con los libros cerrados para que no miren el cuadro 4).

4. Observa.

Invite a los alumnos a que observen el cuadro para comprobar sus deducciones anteriores.

Consolidación
Pregunte a los alumnos qué otros adjetivos conocen y pídales que indiquen las formas masculina y femenina, en singular y en plural.

5. La familia ideal.

Indique a los alumnos que también pueden usar la forma negativa: *No es egoísta. No es aburrido...* Anímelos a que usen al menos cuatro adjetivos en cada caso.
Respuestas posibles
• El hermano ideal: *es muy alegre, es bastante gracioso, no es tímido, no es vago.*
• La hermana ideal: *es muy generosa, es muy simpática, no es envidiosa, no es orgullosa.*
• El amigo ideal: *es muy hablador, es bastante gracioso, no es vago y no es reservado.*
• La amiga ideal: *es bastante generosa, es muy graciosa, no es orgullosa, no es envidiosa.*

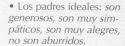

• Los padres ideales: *son generosos, son muy simpáticos, son muy alegres, no son aburridos.*
• Los hijos ideales: *son muy obedientes, son muy estudiosos, son trabajadores, son muy educados, son muy ordenados, son bastante generosos, no son envidiosos, no son vagos.*

Los alumnos van a ver adjetivos para indicar estados emocionales y físicos (con el verbo *estar*).

1. **a. Escucha y relaciona.**

1. Juan **está** cansado.
No duerme bastante.

2. Andrés **está** enfermo.
Tiene mucha fiebre.

3. Antonia **es** cariñosa.
Le gusta mucho su oso de peluche.

4. Javier **está** contento.
Tiene buenas notas en clase.

5. Lucía **está** triste.
No sale el sábado por la tarde.

6. Marcos **está** enfadado.
No habla con sus amigos.

1. b. Observa.

Para que entiendan bien el uso de *estar* con los adjetivos *cansado, enfermo, contento, triste, enfadado, enamorado,* insista en su carácter pasajero y emocional presentando algunas situaciones. Por ejemplo:
• *Juan está cansado:* en este momento, porque ha trabajado mucho.
• *Javier está contento:* porque hoy es su cumpleaños o porque esta noche sale con sus amigos.
• *Andrés está enfermo:* porque tiene la gripe, por ejemplo. Pero no siempre está enfermo.
• *Antonia es cariñosa:* es su carácter, siempre es cariñosa.

1. c. Relaciona.

Dé unos minutos a los alumnos para que se familiaricen con los adjetivos y realicen luego la actividad tapando las ilustraciones del ejercicio 1 y con la ayuda del cuadro b.

7. Felipe **es** orgulloso.
No le gusta pedir perdón.

b. Observa.

8. José **es** envidioso.
Le gusta la moto de Guillermo. Quiere la mochila de Miguel, el ordenador de Pablo.

9. Luis **está** enamorado.
Le gusta mucho María.

> **SER/ESTAR**
>
> **SER:** Se utiliza para describir cualidades permanentes.
> **ESTAR:** Se utiliza para describir estados físicos y anímicos no permanentes.

c. Relaciona.

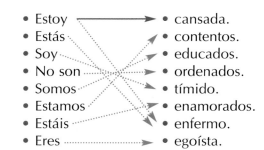

- Estoy
- Estás
- Soy
- No son
- Somos
- Estamos
- Estáis
- Eres

- cansada.
- contentos.
- educados.
- ordenados.
- tímido.
- enamorados.
- enfermo.
- egoísta.

2. Escucha a tu profesor y forma frases como en el ejemplo.

	1	2	3	4
a	reservado	contento	triste	hablador
b	enfadado	enamorado	simpático	ordenado
c	envidioso	orgulloso	inteligente	tímido
d	vago	cariñoso	generoso	cansado

d/3 nosotros ⟶ *Somos generosos.*

3. Observa y lee.

TU PERSONALIDAD
Revista juvenil - Semanal

Si tienes la cara...

triangular   redonda   cuadrada   ovalada

Eres...

inteligente,   afectuoso/a,   trabajador/-a,   marchoso/a,
abierto/a   romántico/a   un poco tímido/a   generoso/a
....

Si tienes los ojos...

marrones   verdes   azules   negros

Eres...

cariñoso/a   sociable   hablador/-a   apasionado/a
....

4. **a. Observa a tu compañero/a. ¿Cómo es? Escribe en tu cuaderno los adjetivos.**

b. Ahora, lee las conclusiones de tu compañero/a sobre tu personalidad, ¿estás de acuerdo?

2. Escucha a tu...

Actividad oral y con toda la clase.
Elija las casillas y pida a los estudiantes que indiquen el verbo (*ser* o *estar*) y el adjetivo en la forma correcta. Cite varias veces las mismas casillas cambiando el sujeto.
Ejemplos: *yo, Pablo y Lucía, nosotras, ellas, Isabel, vosotros, la señora Montero, mi hermano y yo, tu prima y tú, el señor Castro, ellos, él.*

3. Observa y lee.

Describir a sus amigos y compañeros suele gustar a los jóvenes. Por ello, se propone un ejercicio destinado a ampliar el léxico de los adjetivos y que ofrece un uso lúdico y atractivo de los exponentes recién vistos.

Saque un voluntario para leer el texto y resuelva las dudas de vocabulario.

4. a./b.

Ejemplifique la actividad con la foto de algún personaje de interés para los alumnos (un cantante, una actriz, un deportista...).
Pase por las mesas para leer y escuchar las producciones.
Por fin, anime a unos cuantos a presentar a su compañero a la clase.

Consolidación
Ponga los resultados en común: ¿cuántos alumnos son marchosos, cariñosos, habladores...?

6 Unidad

¿Qué estás haciendo?

1. Es martes, son las cuatro de la tarde. Carmen está en su casa con Armando y Miguel. Suena el teléfono. Es Pablo. Escucha la conversación y localiza a cada amigo.

En esta lección se presenta otro uso del verbo *estar*: la perífrasis *estar* + gerundio, para indicar acciones en curso.

1. Es martes, son las...

Antes de poner la cinta, pregunte a los estudiantes qué actividades les sugiere la ilustración.
Puede aprovechar este dibujo para:
• Introducir vocabulario: *la cama, la colcha, el cojín, la ventana, el despertador, la lámpara, la pelota, el radiocasete, el CD, los cascos, el armario, la planta...*
• Repasar el uso de *estar* para situar en el espacio, planteando preguntas

Miguel
Armando
Carmen
Pablo

ESTAR		participio (-ing)	Gerundios irregulares
(Yo)	**estoy**		
(Tú/vos)	**estás**	*escuchar* escuch**ando**	• *leer* → le**yendo**
(Usted/él/ella)	**está**	*hacer* hac**iendo**	• *dormir* → d**u**rm**iendo**
(Nosotros/as)	**estamos**	*escribir* escrib**iendo**	• *vestir* → v**i**st**iendo**
(Vosotros/as)	**estáis**		• *decir* → d**i**c**iendo**
(Ustedes/ellos/ellas)	**están**		• *reír* → r**iendo**

como las siguientes:
¿Dónde está Armando? ¿Dónde está Miguel? ¿Dónde está el despertador? ¿Dónde está el cuaderno? ¿Dónde está la lámpara?

2. Observa la...

Deje que los estudiantes trabajen de forma individual y comparen luego sus respuestas con las de su compañero de pupitre.

2. Observa la ilustración del ejercicio 1 y completa la conversación.

Carmen: ¿Sí?
Pablo: Hola, Carmen, soy Pablo. ¿Habéis terminado los deberes?
Carmen: Armando y Miguel sí, pero yo no. Estoy _{haciendo} el ejercicio de francés.
Pablo: ¿Armando y Miguel se han ido?
Carmen: No, no, todavía están aquí. Armando está _{escuchando} música.
Y Miguel está _{escribiendo} a una amiga. Y tú, ¿has hecho los deberes?
Pablo: No, el ejercicio de matemáticas todavía no. Tengo tiempo, es para el jueves.
Carmen: ¿Y qué estás _{haciendo}?
Pablo: Estoy _{trabajando} con el ordenador. ¿Me pones con Miguel?
Carmen: Sí, ahora. ¡Miguel! ¡Miguel!

Verbos con pronombre: PEINARSE

(Yo)	**me** estoy peinando	=	estoy peinándo**me**
(Tú/vos)	**te** estás peinando	=	estás peinándo**te**
(Usted/él/ella)	**se** está peinando	=	está peinándo**se**
(Nosotros/as)	**nos** estamos peinando	=	estamos peinándo**nos**
(Vosotros/as)	**os** estáis peinando	=	estáis peinándo**os**
(Ustedes/ellos/ellas)	**se** están peinando	=	están peinándo**se**

3. **Observa la ilustración. ¿Qué está haciendo cada persona?**

comer un bocadillo
beber agua
leer
escribir
escuchar música
correr
esperar el autobús
abrir la ventana
reírse
hablar
montar en moto
salir de la casa
estudiar
tocar el violín
descansar
cocinar

En parejas.

A — *Está paseando por el tejado.*

B — *¡Es el gato!*

Comente los cuadros gramaticales haciendo hincapié en los pronombres. Pida a la clase que transforme las siguientes frases, cambiando la posición de los pronombres:
• *Me estoy levantando.* [*Estoy levantándome.*]
• *Estás vistiéndote.* [*Te estás vistiendo.*]
• *Se está lavando.* [*Está lavándose.*]
• *Estamos acostándonos.* [*Nos estamos acostando.*]

3. **Observa la...**

Diga a los alumnos que observen cada persona y anímelos a que le pregunten vocabulario: *¿Cómo se dice ... en español?*

Variante y consolidación
Un alumno construye una frase y sus compañeros indican si es verdadera o falsa, corrigiendo la falsa. Ejemplos:
• *Paco está tocando el violín.* [Falso. *Paco está escuchando música.*]
• *Pepe está corriendo.* [Verdadero.]
• *Jaime está esperando el autobús.* [Falso. *Jaime está leyendo el periódico.*]

- Sonia está estudiando.
- Pablo está escribiendo.
- Baltasar está abriendo la ventana.
- Blanca está tocando el violín.
- Loreto está cocinando.
- Hernando está saliendo de la casa.
- Pepe está corriendo.
- Daniel está descansando.
- Emilio está riéndose.
- Jaime está leyendo.
- Gabriela está comiendo un bocadillo.
- Luis está hablando.
- Raquel está hablando.
- David está bebiendo agua.
- Paco está escuchando música.
- Lali está esperando el autobús.
- Guillermo está montando en moto.

Ampliación
Motive a los alumnos para que piensen en algunas personas e intenten adivinar qué están haciendo ahora. Ejemplos:
• *Mi padre está trabajando.*
• *Mi hermana está haciendo un examen de inglés.*
• *Mi abuelo está leyendo.*
• *Mi hermanito de dos años está durmiendo.*

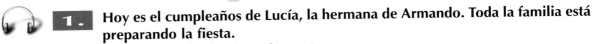

1./2.

Llame la atención de los alumnos sobre cada personaje haciendo hincapié en la distancia que lo separa del hablante:

• *Esa es...* para hablar de personas que están cerca.

• *Esta/Este es...* para hablar de personas situadas un poco más lejos.

A continuación, pídales que contesten a la pregunta *a*.

1. Hoy es el cumpleaños de Lucía, la hermana de Armando. Toda la familia está preparando la fiesta.

a. ¿Qué está haciendo cada uno?

Está preparando la tarta.

Está cortando flores.

Está comprando los refrescos.

Esa
es la abuela de Armando.

Esa
es la hermana de Armando.

Está hablando por teléfono.

Está poniendo la mesa.

Esta
es la madre de Armando.

Este
es Armando.

b. Ahora, escucha la conversación y comprueba tus respuestas.
¿Qué está haciendo Lucía? ¿Por qué?

2. Observa.

LOS DEMOSTRATIVOS

	ESTÁ(N) AQUÍ		ESTÁ(N) UN POCO MÁS LEJOS	
	Singular	*Pural*	*Singular*	*Pural*
Masculino	este	estos	ese	esos
Femenino	esta	estas	esa	esas

3. Lucía ha invitado a Pablo, el amigo de Armando.
Lee la conversación entre Pablo y Armando y localiza a cada persona en la fiesta.

Armando: Mira, esta es mi hermana Lucía.
Pablo: ¡Hola! ¡Feliz cumpleaños!
Lucía: Gracias.
Pablo: ¿Quién es esa chica?
Armando: ¿Cuál?
Pablo: La morena, baja, delante de la mesa.
Armando: Ah... Es mi prima Verónica. Es guapa ¿eh? ¿Y ves ese chico moreno detrás de Verónica? Pues es Álvaro, su hermano gemelo.
Pablo: Y esos dos chicos debajo del árbol, ¿quiénes son?
Armando: El rubio es Santi, un amigo de Lucía, y el otro es Jesús, un compañero de clase. Y mira esas chicas al lado de la puerta... pues la morena es Andrea, la hermana de Jesús, y la rubia es Julia.
Pablo: Bueno, pues ahora... a bailar.

4. Con tu compañero representa esta situación.

- Lucía presenta a   - Álvaro a Pablo.
  - Andrea y Julia a Véronica.

- Santi y Jesús hablan de Álvaro.
(Jesús no conoce a Álvaro pero Santi sí.)

Fonética

PRONUNCIAR LA R Y LA RR
1. Escucha e indica si oyes una r suave o fuerte.

- pizarra   F
- jirafa   S
- hablar   S

- rojo   F
- historia   S
- frase   F

- acuario   S
- perro   F
- corto   F

- rosa   F
- gracias   F
- cuarenta   S

- decir   S
- marzo   F
- regalo   F

2. Relaciona.

rr se pronuncia •
r inicial se pronuncia •   • suave.
Entre dos vocales, r se pronuncia •
r final se pronuncia •   • fuerte.
Junto a consonante, r se pronuncia •

3. Pronuncia estas palabras. Luego, escucha la grabación y comprueba.

- guitarra
- primavera
- miércoles

- Madrid
- largos
- Tierra

- responder
- regla
- escribir

- acuario
- correcto
- verano

- rincón
- viernes
- llamar

Venezuela

Venezuela está situada en la costa norte de América del Sur. Limita al norte con el mar Caribe y el océano Atlántico, al este con Guyana y Brasil, al sur con Brasil y al oeste con Colombia.

La más conocida y turística de sus 300 islas en el mar Caribe quizá es Isla Margarita.

Venezuela está dividida en 23 estados, un distrito capital (Caracas) y 72 dependencias federales en las islas.

Su río más importante es el Orinoco, afluente del Amazonas.

La capital es Caracas y otras ciudades importantes son Maracaibo, Valencia, Barquisimeto, Ciudad Guayana y Ciudad Bolívar.

Tiene 24 millones de habitantes y la lengua oficial es el español.

En Venezuela hay una naturaleza muy variada: las tierras altas de los Andes, las tierras bajas junto al lago Maracaibo, los famosos llanos de la cuenca del río Orinoco, bosques tropicales, sabana y playas de blanca arena.

El Parque Nacional Canaima es un área de gran interés en flora y fauna (Venezuela es el séptimo país del mundo en variedades de especies, 130.000), y en él está el famoso Salto Angel.

Es la catarata más alta del mundo, casi un kilómetro de caída.

La flor nacional es la orquídea, llamada en Venezuela "Flor de mayo".

El puma, el tucán, las guacamayas y el turpial son algunas variedades de la fauna venezolana.

Bolívar.

La estatua de Simón Bolívar. CARACAS.

El Museo Simón Bolívar. CARACAS.

Montañas. MÉRIDA.

Playa. PENÍNSULA DE PARAGUANÁ.

El puente Rafael Urdaneta. MARACAIBO.

El río Orinoco.

La Playa del Agua. ISLA MARGARITA.

El Salto Angel. CANAIMA.

mochila

CARACAS.

El Capitolio. CARACAS.

La entrada al Capitolio. CARACAS.

La estatua de Simón Bolívar. MÉRIDA.

La Avenida de Bolívar. CARACAS.

MÉRIDA.

Planta de petróleo. PENÍNSULA DE PARAGUANÁ.

Bosque. JAJI.

Refinería. PENÍNSULA DE PARAGUANÁ.

Mercadillo. MÉRIDA.

El monumento a Bolívar. CARACAS.

CARACAS.

Flora del desierto. PENÍNSULA DE PARAGUANÁ.

Documentos

Simón Bolívar: general venezolano (s. XIX), se le conoce como "El Libertador" de la patria frente a España. El nombre completo de Venezuela es República Bolivariana de Venezuela. La moneda, el bolívar, también lleva su nombre.

Textos de Simón Bolívar, El Libertador.

Educación:
La educación e instrucción pública son el principio más seguro de la felicidad general y la más sólida base de la libertad de los pueblos.

Gobierno:
El sistema de gobierno más perfecto es aquel que produce mayor suma de felicidad posible, mayor suma de seguridad social y mayor suma de estabilidad política.

Humanismo:
Haz a los otros el bien que quieras para ti. No hagas al otro el mal que no quieras para ti. Son los dos principios eternos de justicia natural en que están encarnados todos los derechos respecto a los individuos.

Libertad:
Amo la libertad de la América más que a mi gloria propia; y para conseguirla no he ahorrado sacrificios.

Claudia tiene su propia página *web*.
¡¡Anímate y entra!!

¿Quién soy?
Soy una chica del siglo XXI
¡¡Bienvenidos a todos!!

Para ver una foto de mi último cumpleaños, pulsa aquí.

Para ver fotos de Chufi, pulsa aquí.

Para ver fotos de mi instituto, pulsa aquí.

Para ver fotos de mis amigos, pulsa aquí.

Me llamo Claudia y tengo doce años. Mi cumpleaños es el 15 de junio.

Vivo en Sevilla. En casa somos ocho: mis padres, mis abuelos maternos y mis dos hermanos. Adrián tiene 14 años y Lorenzo tiene 8. Bueno, luego está mi perro Chufi. Chufi tiene tres años, es muy cariñoso y glotón.

Voy al instituto Pintor Murillo y estoy en primero de ESO. Me gusta mucho estudiar y mi asignatura favorita es la Educación Física.

Tengo un montón de amigos supersimpáticos:
• Merche es mi mejor amiga. Es muy romántica y un poco tímida.
• Isabel es muy habladora, pero tiene un defecto, es muy traviesa.
• Pedro es muy inteligente y trabajador. Pero, a veces, es un poco envidioso.
• Rodrigo es muy marchoso y abierto.

Estos somos los cinco amigos, en la puerta del instituto: Pedro, yo, Isabel, Rodrigo y Merche.
En esta foto salgo muy fea, es que no soy foto-génica.
Ahora tengo un aspecto diferente, tengo el pelo rizado.

Eres el visitante n.° **3 6 2 0**

Firma mi libro de visitas.

Escribe a Claudia: Preséntate y habla de ti y de tus amigos (tu familia, tu mascota, cómo eres, tus materias preferidas, cómo son tus amigos...).
Puedes enviar tu página a: chicos-chicas@edelsa.es

FICHA RESUMEN

COMUNICACIÓN

- Describir el carácter de las personas

Es simpático, generoso, trabajador, cariñoso...

- Decir lo que se está haciendo

Estoy escuchando música; estamos escribiendo un correo electrónico...

- Reaccionar informalmente

¡Qué dices! ¡Bah!

- Presentar a alguien

Mira, esta es mi hermana Lucía.

GRAMÁTICA

- *Ser* y *Estar*

Ser + cualidades permanentes: *es tímido.*

Estar + cualidades no permanentes: *estoy contento.*

- Adverbios de cantidad + adjetivo

Muy, bastante, un poco...

Juan es bastante tímido.

- *Estar* + gerundio

Están jugando al baloncesto.

- Gerundios regulares

-ar>ando ; -er>iendo; -ir>iendo

- Gerundios irregulares

Dormir > durmiendo; decir> diciendo; vestir >vistiendo; leer >leyendo; Reír > riendo.

- Los demostrativos

Este/esta...

VOCABULARIO

- **Adjetivos para describir la personalidad**

Inteligente, egoísta, vago/a, orgulloso/a, aburrido/a, gracioso/a...

- **Verbos de acciones cotidianas**

Bailar, correr, jugar, andar, montar en moto, etc.

7 Unidad

Tiempo libre

1. Carmen y Miguel hablan de sus aficiones. Escucha la conversación y completa este cuadro en tu cuaderno con los números correspondientes.

	Le encanta/n	Le gusta/n mucho	Le gusta/n	No le gusta/n	Detesta
Carmen	escuchar música leer cómics	la tele montar en bici	bailar la playa bañarse	dibujar el cine	los videojuegos
Miguel	escuchar música leer cómics	los videojuegos el mar nadar	bailar	la tele dibujar el cine	

1. Carmen y Miguel...

Este ejercicio introduce el léxico de las actividades de ocio propias de la edad. Sirve para retomar, consolidar y ampliar la expresión de gustos, una estructura que suele plantear problemas a los estudiantes.

Antes de poner la cinta, deje que los estudiantes observen el dibujo. Deles las expresiones para que las relacionen con las ilustraciones. Escríbalas en la pizarra para que las tengan a la vista.
Por fin, atribuya un número a cada actividad, por ejemplo: *1/ver la tele, 2/escuchar música, 3/leer cómics...*

Nota: para ayudar a los alumnos, se han tachado las actividades que no le gustan a cada amigo.

2. Observa.

Los alumnos ya conocen *gustar*, aquí se introducen *encantar* (misma construcción que *gustar*) y *detestar* (verbo regular).

2. Observa.

EXPRESAR GUSTOS

+	Me encanta		Me encantan	
	Me gusta mucho	la música.	Me gustan mucho	las películas de aventuras.
	Me gusta	el deporte.	Me gustan	los animales.
	No me gusta	bailar.	No me gustan	
-	Detesto		Detesto	

3. Compara tus gustos con los de tu compañero. ¿Cuántas aficiones tenéis en común?

A

Me encanta montar en bici. ¿Y a ti?

B

A mí también.

4. Observa.

3. Compara tus...

Para una total apropiación del vocabulario y de las estructuras, proponga a los estudiantes que repitan la actividad con varios compañeros. Luego solicite algunos voluntarios para presentar las respuestas a la clase.

4. Observa.

Comente el cuadro. Seguidamente, plantee

EXPRESAR FRECUENCIA

Una vez Dos/tres... veces	al día / a la semana / al mes.	Veo la tele **a menudo**.
Todos/todas	los días / los lunes, martes... los fines de semana / las semanas. los meses / los veranos, otoños... los años.	Veo la tele **de vez en cuando**. **Casi nunca** veo la tele. **No** veo la tele **casi nunca**.
Cada	día / lunes, martes... fin de semana / semana. mes / verano, otoño... / año.	**Nunca** veo la tele. **No** veo la tele **nunca**.

---

5. a. Escucha el diálogo entre Marta y Pablo.
   b. Relaciona.

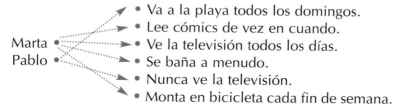

Marta
Pablo

- Va a la playa todos los domingos.
- Lee cómics de vez en cuando.
- Ve la televisión todos los días.
- Se baña a menudo.
- Nunca ve la televisión.
- Monta en bicicleta cada fin de semana.

6. Lee y comprueba tus respuestas.

Marta: Veo la tele todos los días. ¿Y tú?
Pablo: Yo nunca veo la tele, no me gusta.
Marta: Pues a mí me gusta mucho. Leo cómics de vez en cuando. Y monto en bici cada fin de semana.
Pablo: A mí también me encanta montar en bici. Voy a la playa todos los domingos, me gusta mucho bañarme.
Marta: A mí también me gusta la playa y me baño a menudo.

preguntas como las siguientes a algunos alumnos:
• ¿Te gusta montar en bici? ¿Cada cuánto montas en bici? ¿Todos los días? ¿Cada fin de semana?
• Y tú, ¿cada cuánto vas a la piscina? ¿Nunca, casi nunca, de vez en cuando, a menudo?

5./6.

Ponga la cinta con los libros cerrados, para que los alumnos se familiaricen con el diálogo. Divida la clase en dos grupos y repita la audición: el primer grupo deberá fijar su atención en las actividades de Marta y el otro en las de Pablo. Luego, los miembros de cada grupo relacionan sus frases.

1. Más actividades de tiempo libre.
¿Cuál/es prefieres?

Prefiero...
Me gusta...

- ir a la playa
- jugar al baloncesto
- leer revistas
- montar en monopatín
- navegar por Internet
- ir al cine
- ir de compras
- ir al centro comercial
- ir a un parque de atracciones
- coleccionar sellos
- escuchar música
- jugar con los videojuegos
- cocinar

1. Más actividades...

Haga la actividad con los alumnos. Plantee preguntas a los más tímidos para ayudarlos a tomar la palabra (hablar de sus actividades de ocio suele gustar a los alumnos).

En un lugar de la Mancha

CORREOS ESPAÑA

Escenas del Quijote.

20

2. Mira las fotos del...

Anime a los alumnos a describir las fotos. Proporcione el vocabulario necesario.
- *El* walkman....
- *El sillón, el salón, la consola...*
- *La tienda, la ropa, probarse...*
- *La atracción, montarse...*
- *¿Dónde están los personajes?*
- *¿Qué están haciendo?*
- *¿Cómo son? ¿Cómo están?*

2. Mira las fotos del ejercicio 1. Adivina qué le gusta a cada uno y qué no.

3. Repasamos la frecuencia de tus gustos y aficiones.
Relaciona y presenta a la clase tus respuestas.

3. Repasamos la...

Deje que los alumnos contesten individualmente y por escrito (para que cada uno pueda trabajar a su ritmo).

Casi nunca

A menudo

De vez en cuando me gusta

Nunca

- leo.
- voy al centro comercial.
- navego por Internet.
- comer chocolate.
- escuchar *rap.*
- ir a bailar.
- voy al cine.
- me levanto temprano.
- voy a la playa.
- veo la tele.
- viajo al extranjero.
- escribo a mis amigos.

4. **Lee estos correos electrónicos y responde a las preguntas.**

4. **Lee estos correos...**

Pregunta a
Solicite dos voluntarios para leer los correos. Resuelva las dudas de vocabulario y plantee la pregunta a toda la clase. Anime a los alumnos a que anoten las respuestas en su cuaderno.

Pregunta c
Recuerde las estructuras para expresar acuerdo y desacuerdo: *A mí también. A mí tampoco. / A mí sí. A mí no.* para que los alumnos las usen en su respuesta.

Preguntas d y e
Para ayudar a los estudiantes, sugiérales que retomen las expresiones que aparecen en los textos: *Me encanta(n)... Mis deportes favoritos son... También me gusta mucho... No me gusta(n)...* etc.
Dígales que cuiden la presentación de su escrito, pues uno de sus compañeros deberá leerlo (escritura legible sin tachones, párrafos bien marcados, corrección ortográfica y gramatical...).

Nota:
Escribime: imperativo de *escribir,* forma *vos.* Pablo es argentino y usa *vos* en lugar de *tú.*

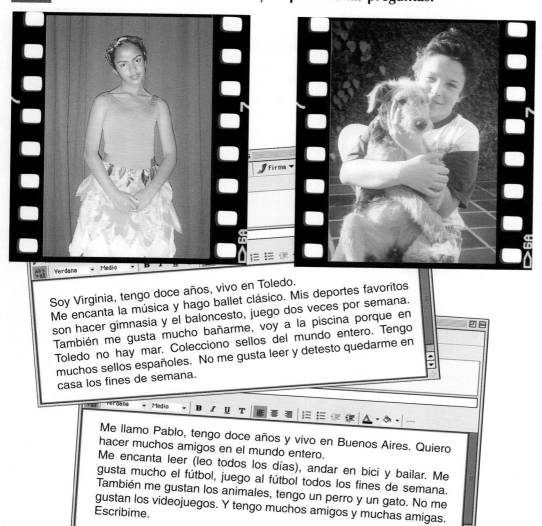

Soy Virginia, tengo doce años, vivo en Toledo. Me encanta la música y hago ballet clásico. Mis deportes favoritos son hacer gimnasia y el baloncesto, juego dos veces por semana. También me gusta mucho bañarme, voy a la piscina porque en Toledo no hay mar. Colecciono sellos del mundo entero. Tengo muchos sellos españoles. No me gusta leer y detesto quedarme en casa los fines de semana.

Me llamo Pablo, tengo doce años y vivo en Buenos Aires. Quiero hacer muchos amigos en el mundo entero.
Me encanta leer (leo todos los días), andar en bici y bailar. Me gusta mucho el fútbol, juego al fútbol todos los fines de semana. También me gustan los animales, tengo un perro y un gato. No me gustan los videojuegos. Y tengo muchos amigos y muchas amigas. Escribime.

a. ¿Qué le gusta hacer a Virginia?
¿Qué le gusta hacer a Pablo?

b. Habla con tu compañero sobre Pablo y Virginia.

    A. *Le encanta leer.*
    B. *¡Pablo!*

> ### mucho
> ### muchos, muchas
>
> • verbo + mucho
> *Me gusta mucho pasear.*
> • muchos + nombre masculino plural (sin artículo)
> *Tengo muchos sellos franceses.*
> • muchas + nombre femenino plural (sin artículo)
> *Tengo muchas revistas.*

c. ¿Cuál de los dos podría ser tu amigo? ¿Por qué?

d. Contesta a su correo, indica tus aficiones y lo que no te gusta o detestas. ¡No indiques tu nombre! Luego, pon tu texto en la mesa del profesor, boca abajo.

e. Ahora, elige un texto al azar y léelo en voz alta. Tus compañeros adivinan de quién es. ¿Qué compañeros pueden realizar actividades juntos? ¿Cuáles?

Andar en bici: en Argentina, no se dice *montar* sino *andar en bici.*

Ampliación
Motive a los estudiantes para que, en casa, busquen información general sobre Toledo y Buenos Aires.

7 Unidad

Los deportes

1. Relaciona cada deporte con su ilustración.

El fútbol
El voleibol
El baloncesto
La equitación
El patinaje
El *windsurf*
El *surf*
El ciclismo
La natación
El yudo
El tenis

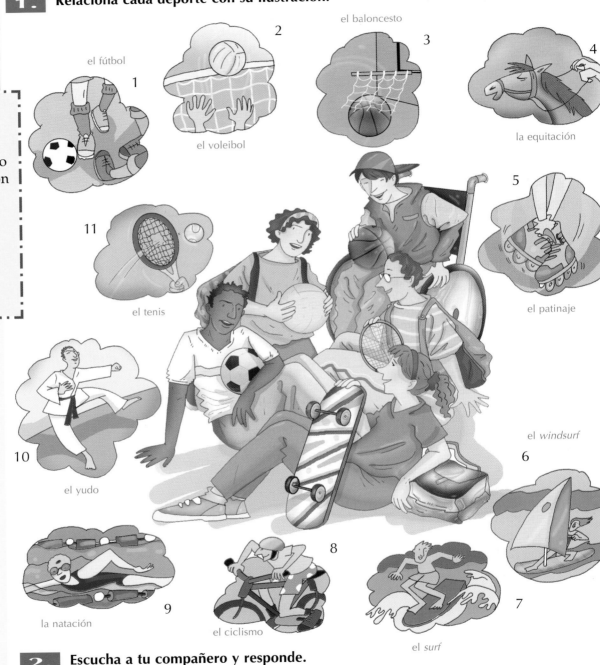

el fútbol — 1
el voleibol — 2
el baloncesto — 3
la equitación — 4
el patinaje — 5
el *windsurf* — 6
el *surf* — 7
el ciclismo — 8
la natación — 9
el yudo — 10
el tenis — 11

1. Relaciona cada...

Los estudiantes ya conocen casi todas estas palabras y muchas son «transparentes» en varios idiomas, por lo que debería resultarles fácil realizar la actividad.

Ampliación
Introduzca y recuerde las expresiones relativas a cada deporte: *jugar al [fútbol, voleibol, baloncesto, tenis]; practicar el/la [nombre del deporte], hacer [nombre del deporte], montar a caballo, montar en bici, patinar, nadar.*
Vocabulario complementario: *el equipo, el jugador, el partido, la pelota, la red, el caballo, la raqueta, los patines, la bicicleta, la piscina, el monopatín, ganar, perder...*

2. Escucha a tu...

Juego sencillo de observación en parejas para ejercitar la memoria.
También puede realizarlo con toda la clase: usted va diciendo los deportes y los alumnos contestan.

2. Escucha a tu compañero y responde.

A

Di el nombre de un deporte a tu compañero.

Patinar.

B

Escucha y di el número.

El cinco.

3. Contesta.

¿Qué deporte/s...

... **prefieres?**

... **practicas a menudo?**

... no practicas nunca?

4. Escucha a Carmen, Marta, Miguel y Pablo. ¿Qué deporte/s van a practicar este fin de semana? Completa el cuadro en tu cuaderno.

Carmen	Marta	Miguel	Pablo
el *surf* - el voleibol	el *surf*	el fútbol	el yudo - el fútbol

EXPRESAR PLANES

Voy	a	**jugar** al tenis.
Vas	a	**hacer** *surf*.
Va	a	**nadar**.
Vamos	a	**montar** en bici.
Vais	a	**jugar** al fútbol.
Van	a	**patinar**.

5. Escucha de nuevo y completa la conversación.

Miguel: ¿Qué vas *a hacer* este fin de semana, Carmen?
Carmen: Pues voy *a ir* a la playa y voy *a hacer* surf. Luego, voy *a jugar* al voleibol.
Marta: Yo también voy *a hacer* surf. Me encanta.
Carmen: ¿Vamos juntas?
Marta: Sí, ¡genial! Y tú, Miguel, ¿qué vas *a hacer*?
Miguel: Voy *a jugar* al fútbol.
Pablo: Y yo, voy *a practicar* yudo, hago yudo todos los sábados por la mañana, me gusta mucho.
Miguel: Y por la tarde, ¿qué vas *a hacer*?
Pablo: No lo sé.
Miguel: ¿Quieres jugar al fútbol conmigo?
Pablo: ¡Vale! Y luego vamos *a ver* a Marta y a Carmen.

6. ¿Y tú qué vas a hacer este fin de semana?

3. **Contesta.**

Ejercicio personalizado para reciclar las expresiones de frecuencia.

Consolidación
Ponga las respuestas en común para encontrar el deporte más popular.

4. **Escucha a Carmen...**

Trabajo individual y silencioso. Corrija el ejercicio llamando la atención de los estudiantes hacia el cuadro "expresar planes", haciendo hincapié en el uso obligatorio de la preposición a en la perífrasis *ir* + infinitivo.

5. **Escucha de nuevo...**

Trabajo individual y silencioso.
Haga la corrección haciendo hincapié en el uso obligatorio de la preposición *a*.

6. **¿Y tú qué vas a...**

Anime a los alumnos a que indiquen al menos ocho actividades (recuérdeles que pueden usar las expresiones de la lección 14).
Los alumnos pueden trabajar oralmente o por escrito.

Consolidación
Invite a los alumnos a que, en grupos de cuatro, adapten la conversación del ejercicio 5 retomando las frases clave:
• ¿Qué vas a hacer este fin de semana?
• Pues yo voy a... / Todavía no lo sé.
• Yo también voy a...
• Y por la tarde, ¿qué vas a hacer?
• ¿Quieres [actividad] conmigo? / ¡Vale!

Ir a + infinitivo
Puede aprovechar este momento para señalar que en español siempre se pone la proposición *a* delante de los nombres de personas o animal.

1. Lee este texto.

Dibuje una cancha de baloncesto en la pizarra, sin indicar ningún nombre (deben verse: un equipo, la canasta, la pelota).

Deje que los alumnos descubran el texto individualmente. Saque un voluntario para leerlo en voz alta. A continuación, diga las siguientes palabras y pida a un alumno que intente escribirlas en el lugar correspondiente del dibujo: la cancha, la pelota, la canasta, el equipo, el jugador.

2. ¿Verdadero o...

Para hacer este ejercicio más motivador, pida a los alumnos que vuelvan a leer el texto y contesten luego sin mirarlo (pueden taparlo con su cuaderno).

Consolidación
- Los alumnos corrigen las frases falsas.
- *Se juega en los cinco continentes.*
- *Su inventor es canadiense.*
- *Un partido dura 4 x 12 minutos (más los descansos).*
- *Hay diez jugadores en la cancha.*

Plantee las preguntas a varios alumnos.

Ampliación
Según la motivación de la clase, puede repetir el ejercicio cambiando de deporte (el fútbol, la natación...).

1. Lee este texto.

El baloncesto es un deporte de equipo muy popular.
Se juega en los cinco continentes.
Su inventor es un profesor de educación física de un instituto de Massachusetts (Estados Unidos),
el canadiense James Naismith (1891).
Es un juego olímpico desde 1963.

Se juega en una cancha, entre dos equipos de cinco jugadores.
Su objetivo es introducir la pelota en la canasta del equipo contrario, situada a tres metros de altura.
El partido tiene cuatro tiempos de 12 minutos.

Los jugadores de baloncesto son rápidos, hábiles y tienen un gran espíritu de equipo.

2. ¿Verdadero o Falso?

- James Naismith inventa el baloncesto. V
- No se juega en Italia. F
- Su inventor es un profesor australiano. F
- Un partido dura noventa minutos. F
- Hay veintidós jugadores en la cancha. F
- Los jugadores son altos y rápidos. V

Y a ti, ¿te gusta el baloncesto? ¿Formas parte de un equipo? ¿Ves los partidos en la tele? ¿Conoces a algún jugador de baloncesto?

Yo no.

Yo conozco a Michael Jordan, es un jugador americano.

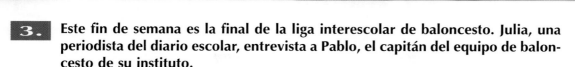

3. Este fin de semana es la final de la liga interescolar de baloncesto. Julia, una periodista del diario escolar, entrevista a Pablo, el capitán del equipo de baloncesto de su instituto.

a. Lee las preguntas e imagina las respuestas de Pablo.

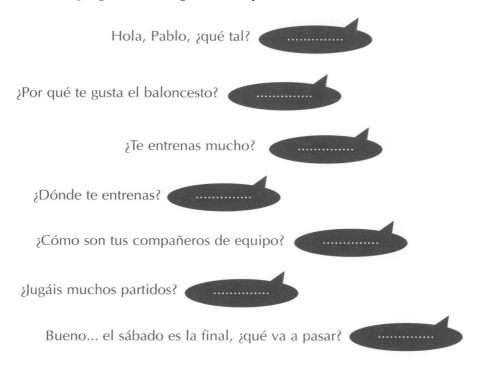

Hola, Pablo, ¿qué tal? ....

¿Por qué te gusta el baloncesto? ....

¿Te entrenas mucho? ....

¿Dónde te entrenas? ....

¿Cómo son tus compañeros de equipo? ....

¿Jugáis muchos partidos? ....

Bueno... el sábado es la final, ¿qué va a pasar? ....

b. Escucha y comprueba.

3. Este fin de semana...

Deje que los alumnos contesten individualmente. Anímelos a preguntarle vocabulario. Luego, dígales que comparen sus respuestas con las de su compañero de pupitre y vuelvan a escribir el texto con las frases que más les gusten. Finalmente, saque voluntarios para escenificar el diálogo ante sus compañeros.

Ponga la cinta para comparar.

Consolidación
Repita la audición, haciendo una pausa entre cada frase, para que los alumnos las copien en su cuaderno. Corrija con la transcripción de las páginas 112 y 113.

Fonética

PRONUNCIAR LA /θ/ Y LA /κ/

1. Escucha y marca en tu cuaderno si oyes /θ/ o /κ/.

• lápiz θ	• izquierda θ	• ciudad θ	• comer κ	• nariz θ
• encima θ	• brazo θ	• encantar κ	• clase κ	• recreo κ
• actividad κ	• zumo θ	• cenar θ	• zapato θ	• cuatro κ
• rizado θ	• tecnología κ	• cine θ	• cuaderno κ	• cielo θ

2. Relaciona.

c + a/o/u/consonante se pronuncia •

z + a/o/u se pronuncia • ⟶ • /θ/

z a final de sílaba y de palabra se pronuncia •

c + e/i se pronuncia • ⟶ • /κ/

3. Escucha y escribe las palabras en tu cuaderno.

Cruz, practicar, cine, vez, cerrar, camiseta, cocina, color, concurso, empezar, azul, diez, vacaciones, curso, zoo.

Argentina

Argentina está en América del Sur y limita con Bolivia, Paraguay, Uruguay, Brasil y con Chile a través de los Andes. Tiene una superficie de 2.780.000 km^2.
La capital se llama Buenos Aires y está situada al este, en la orilla derecha del estuario del Río de la Plata.

Al sur están las regiones de Patagonia y Tierra del Fuego, de clima casi polar; al norte la llanura de El Chaco; al este y en el centro las verdes llanuras de la Pampa.

Tiene 36 millones de habitantes, y una tercera parte vive en la capital.
La lengua oficial es el español, pero en algunos lugares también se hablan lenguas indígenas.

Algunos animales de Argentina están en peligro de extinción: la ballena azul, el yaguareté, el zorro colorado, la chinchilla y el ocelote.

Peso.

Valle Grande. MENDOZA.

El Glaciar Perito Moreno.

BUENOS AIRES.

La Casa Rosada. BUENOS AIRES.

Gaucho y caballo.

Parque Nacional. EL CHACO.

Puma.

La Pampa.

Ballena azul.

Catarata. IGUAZÚ.

La Plaza de Mayo. BUENOS AIRES.

La Plaza del Obelisco. BUENOS AIRES.

El Barrio de la Boca. BUENOS AIRES.

mochila

Vista panorámica. SALTA.

Gaucho a caballo.

Estatua humana.

La Catedral. CÓRDOBA.

La Avenida 9 de Julio. BUENOS AIRES.

Gaucho.

Iglesia. SALTA.

El Barrio de la Boca. BUENOS AIRES.

El Glaciar Perito Moreno.

Las cataratas del Iguazú.

El tango.

Documentos
Elsa I. Bornemann.
Literatura juvenil desde Argentina.

Elsa Isabel Bornemann es la autora argentina de cuentos y poesía para jóvenes más importante hoy en día.

Le encanta pensar que sus libros son, para los chicos y chicas, "el primer escalón hacia la literatura en general".

También está convencida de que la juventud "no vive dentro de una burbuja" y, por eso, en sus libros trata temas como el amor, la muerte, el miedo, el racismo. Su colección de poemas más conocida es *El libro de los chicos enamorados*. Su libro de relatos más famoso es *¡Socorro!*, doce cuentos de miedo. ¡El prólogo lo escribe el monstruo Frankenstein!

DE VACACIONES CON PAPÁ Y MAMÁ*

Nos separaron
enamorados:
a vacaciones
dos condenados.
Tus padres cuentan que jamás lloraste así.
Los míos dicen que estoy triste porque sí.
Yo, junto al mar.
Tú, en la montaña.
Corazón chico
también extraña.
Mis padres piensan que "ha de ser debilidad…",
los tuyos creen que "son cosas de la edad…".
Que es por amor
ninguno sabe.
Te dan consejos…
¡y a mí un jarabe!

*Hay muchos poemas de Elsa Isabel Bornemann hechos canciones.
Este es uno de ellos.

CHIC@S en la red

Alejandro vive en Madrid y te invita a conocer su ciudad en su página *web*.

¡Hola, amig@ internauta!
Te invito a visitar Madrid,
mi ciudad.

Visita todos los lugares, son horas y horas de diversión.

Museo de cera.
Vas a conocer a
Induráin, Frankenstein...

Imax, el cine en tres dimensiones.
Vas a descubrir la vida de los animales prehistóricos.

Museo del Prado.
Vas a visitar la mejor pinacoteca del mundo.

Parques y jardines.
Vas a ver bonitos monumentos.

PARQUE DE ATRACCIONES
M A D R I D

Vas a tener muchas sensaciones fuertes.

Planetario.
Vas a pasear por el Sistema Solar.

ZOO AQUARIUM MADRID

Zoológico de la Casa de Campo.
Vas a admirar miles de animales de los cinco continentes.

1. ¿Qué botón vas a pulsar para...

- ... montar en la montaña rusa?
  Parque de atracciones
- ... ver leones y elefantes?
  Zoo
- ... visitar monumentos?
  Parques y jardines
- ... ver personajes famosos?
  Museo de Cera

- ... conocer la vida de los dinosaurios?
  IMAX
- ... descubrir cuadros de Goya?
  Museo del Prado
- ... admirar fotos del espacio?
  Planetario

FICHA RESUMEN

COMUNICACIÓN

- Expresar gustos

Me encanta, me gusta mucho, detesto...
- Expresar la frecuencia

Una vez a la semana, dos veces al mes, todos los días, cada verano, nunca, casi nunca, de vez en cuando...
- Hablar de planes e intenciones

¿Qué vas a hacer este fin de semana?

Pues voy a ir a la playa, voy a hacer surf...

GRAMÁTICA

- *Ir a* + sustantivo

Voy a la piscina.
- *Ir a* + infinitivo

Voy a montar en bicicleta.
- Verbo + *mucho*

Me gusta mucho pasear.
- *Muchos/muchas* + sustantivo

Tengo muchos amigos.

VOCABULARIO

- Actividades de ocio y aficiones

Pasear, tocar la guitarra, ver la televisión, dibujar, navegar por Internet, coleccionar sellos...
- El deporte

El fútbol, el baloncesto, el voleibol, el monopatín, el yudo, el jugador, la pelota, el equipo, la cancha, la canasta...

¡Vacaciones!

1. Carmen y Miguel hablan de las vacaciones.
a. Escucha.

hicimos
estuve
conocí
hiciste
fui
pasé
caminamos
hice

Los estudiantes van a aprender a contar acontecimientos pasados usando el Pretérito Indefinido. Para mantener su interés, el contexto elegido para esta última unidad son las vacaciones, un tema sobre el que sabemos que tendrán mucho que decir. Varias de las actividades son al aire libre y en grupo: las preferidas de los jóvenes de esta edad.

1. Carmen y Miguel...

Antes de poner la cinta, con los libros cerrados, explique la situación: Carmen y Miguel hablan de las vacaciones pasadas. Escriba en la pizarra las palabras nuevas del texto para facilitar la comprensión: *senderismo, montaña, sitios preciosos, excursiones, campamento de verano.*

Consolidación
• Para comprobar la ortografía, dicte el texto.
• Ejercicio de ¿Verdadero o falso?
- Carmen pasó sus últimas vacaciones con una amiga.
- Carmen fue a la montaña.
- Miguel pasó las vacaciones con su hermano.
- Este año, Carmen va a ir a un campamento de verano.

2. Para hablar de...

Antes de comentar el cuadro, pida a los alumnos que indiquen el infinitivo de cada forma de la actividad 1a. Ayúdelos con *fui* (es irregular, pero pueden deducir el infinitivo por el contexto de la frase).

---

b. Lee y completa el diálogo con los verbos de la lista.

Carmen: ¡Qué bien!, ya llegan las vacaciones.
Miguel: Es verdad, ¿tú qué <u>hiciste</u> las vacaciones pasadas?
Carmen: Yo <u>pasé</u> el verano con una amiga en el campo, <u>hicimos</u> senderismo y <u>caminamos</u> todos los días. ¿Y tú?
Miguel: Pues yo <u>estuve</u> en la montaña, <u>conocí</u> sitios preciosos, <u>hice</u> muchas excursiones. <u>Fui</u> con mi hermana. Este año voy a ir a un campamento de verano.
Carmen: ¡Qué suerte!

2. Para hablar de actividades pasadas, Carmen y Miguel utilizan el Pretérito Indefinido.
Observa:

PRETÉRITO INDEFINIDO (Verbos regulares)		
JUGAR	**COMER**	**ESCRIBIR**
(Yo) jugué	comí	escribí
(Tú/vos) jugaste	comiste	escribiste
(Usted/él/ella) jugó	comió	escribió
(Nosotros/as) jugamos	comimos	escribimos
(Vosotros/as) jugasteis	comisteis	escribisteis
(Ustedes/ellos/ellas) jugaron	comieron	escribieron

PRETÉRITO INDEFINIDO (Verbos irregulares)				
ESTAR	**HACER**	**IR/SER**	**TENER**	**VER**
estuve	hice	fui	tuve	vi
estuviste	hiciste	fuiste	tuviste	viste
estuvo	hizo	fue	tuvo	vio
estuvimos	hicimos	fuimos	tuvimos	vimos
estuvisteis	hicisteis	fuisteis	tuvisteis	visteis
estuvieron	hicieron	fueron	tuvieron	vieron

(Yo)
(Tú/vos)
(Usted/él/ella)
(Nosotros/as)
(Vosotros/as)
(Ustedes/ellos/ellas)

El Pretérito Indefinido se usa con las expresiones siguientes:

- Ayer...
- Hace un, dos días...
- El 13 de marzo.
- En enero, febrero...

- El lunes, martes... (pasado)
- El año, el curso, el verano, el mes... (pasado)
- La semana pasada.

	LEER
(Yo)	leí
(Tú/vos)	leíste
(Usted/él/ella)	leyó
(Nosotros/as)	leímos
(Vosotros/as)	leísteis
(Ustedes/ellos/ellas)	leyeron

3. **¿Qué hizo Miguel el primer día de sus vacaciones?**

Miguel se levantó a las nueve.

- escuchar música
- levantarse a las 9
- ver la tele
- bañarse
- pasear al perro
- acostarse
- comer con sus abuelos
- desayunar

4. **Cuenta a tus compañeros tus actividades del fin de semana pasado.**

Usa: El sábado por la mañana/por la tarde/por la noche.
El domingo por la mañana/por la tarde/por la noche.

El sábado por la mañana jugué al baloncesto.

Consolidación
Haga preguntas a los alumnos, estos deberán contestar retomando el verbo en primera persona del singular.
Ejemplos:
¿La semana pasada jugaste al fútbol?
¿El domingo viste una película en la tele?
¿Quién fue a la piscina el sábado pasado?
¿Quién comió en el instituto ayer?

Escriba otros verbos en la pizarra y pida a los alumnos que los conjuguen en Pretérito Indefinido en su cuaderno.

3. **¿Qué hizo Miguel...**

Ejercicio escrito, para atender a las diferencias en el ritmo de aprendizaje de los alumnos: permite a cada uno trabajar a su ritmo. Aproveche para circular por el aula y ayudar a los menos avanzados. Luego, haga la corrección con toda la clase, dando la palabra a algunos alumnos cuyas producciones corrigió y valore sus logros para que puedan apreciar sus progresos.

Ampliación
Motive a la clase para que invente más actividades. Ejemplos: *leyó un cómic, navegó por Internet...*

4. **Cuenta a tus...**

Aplicación personalizada del uso del Pretérito Indefinido.

Deje primero que los alumnos preparen la actividad por escrito. Indíqueles que:
- pueden inventarse las actividades;
- han de proporcionar detalles: *¿Qué día? ¿A qué hora? ¿Con quién?*
Pase por las mesas para facilitar el vocabulario necesario.
Por fin, saque voluntarios para presentar su fin de semana.

Variante
Los alumnos se hacen preguntas unos a otros. Por ejemplo:
¿El sábado por la mañana te levantaste tarde?
¿El domingo por la tarde fuiste a casa de un amigo?

¿Qué hiciste el sábado antes de cenar?
¿Adónde fuiste el sábado por la tarde?
¿Con quién estuviste el sábado por la mañana?

1. Lee este anuncio.

De viajes

LA REVISTA DE LOS JÓVENES VIAJEROS

¿Qué puedo hacer?

¡Se acabó el colegio!
Estás de vacaciones y no sabes qué hacer...

Si te quedas en la ciudad
Puedes visitar los museos, ir a la biblioteca, al parque, a la piscina, al zoo...
Si te gusta pasear, puedes organizar salidas con tus amigos.
También te puedes apuntar a un cursillo de manualidades, de música o de idiomas.

Si vas a la costa
En la playa puedes bañarte, tomar el sol, practicar muchos deportes, nadar, correr, o simplemente caminar junto al mar.
Por la noche, puedes mirar una puesta de sol mientras escuchas tu música favorita en el *walkman*. ¡Pruébalo!
Y recuerda, en la playa también puedes hacer un montón de nuevos amigos.

Si vas a la montaña o al campo
Si te gusta pasear, organiza excursiones a pie o en bici para descubrir la naturaleza.
Si tienes una cámara, saca fotos de las casas, de los animales, de los paisajes, de los puentes... Y si te gusta dibujar o pintar, ¿por qué no dibujas el paisaje para decorar luego tu habitación?

Adaptado de Minnie Disney

---

1. **Lee este anuncio.**

Deje que los alumnos descubran el texto silenciosamente. Luego, saque voluntarios para leerlo en voz alta. A continuación, pida a los alumnos que hagan la lista de las palabras nuevas y que, todos juntos, intenten deducir su significado por el contexto.

Nota:
Este pequeño artículo está sacado de una revista para adolescentes. En él, se mencionan todos los lugares de vacaciones posibles (ciudad, costa, campo, montaña) para tener en cuenta la diversidad de gustos de los alumnos.

2. Clasifica las actividades del texto. Luego indica tus preferidas.

Deportivas	Culturales	Manuales	Otras

3. Carmen está en la playa y escribe a su amiga Marta. Ordena las palabras y escribe las frases en tu cuaderno.

1.
> jugué   Ayer   por la mañana   voleibol.   al

1. Ayer por la mañana jugué al voleibol.

2.
> Por la tarde   al   paseé   junto   mar.

2. Por la tarde paseé junto al mar.

3.
> una   vi   Por la noche   de   puesta   sol.

3. Por la noche vi una puesta de sol.

4.
> bañado   nadado.   y   me he   he   Esta mañana,

4. Esta mañana, me he bañado y he nadado.

5.
> tomado   Esta tarde,   sol.   el   he

5. Esta tarde, he tomado el sol.

6.
> voy a   Esta noche,   ir   cine.   al

6. Esta noche, voy a ir al cine.

4. Estás pasando las vacaciones con tu compañero en la montaña o en el mar. Llegasteis el viernes por la mañana. Hoy es domingo y son las ocho de la tarde. Escribe a un amigo. Indica las actividades del viernes, del sábado y de hoy.
(Usa las actividades de la revista.)

Querido Fernando:

El viernes por la mañana, organizamos una excursión en bici.

RECUERDA

Con	Con
• Hoy • Esta mañana/tarde	• El viernes/sábado • Ayer
Se usa el P. Perfecto.	Se usa el P. Indefinido.

8
Unidad

Campamento de verano

1. Escucha la grabación, observa la ilustración y contesta a las preguntas.

Hay caballos detrás de la granja.

El lago está al lado del pueblo.

1. La nube
2. El sol
3. El pueblo
4. El lago
5. El puente
6. El cerdo
7. El río
8. El prado
9. El bosque
10. La vaca
11. El caballo
12. El gato
13. La granja
14. El coche
15. El carro
16. El perro
17. La oveja
18. El gallo
19. La oca
20. El burro
21. El campamento

• Se usa el verbo **estar** para indicar la situación, con los artículos **el, la, los, las**.
  La granja está al lado del bosque.
  El bosque está detrás de la granja.
  Las ovejas están delante de la granja.

• Se usa **hay** para indicar la existencia, con **un/una, dos, tres...** y **palabras en plural**.
  Hay nubes en el cielo.
  Hay un bosque junto al puente.
  Hay dos ovejas en el prado.

2. Ahora, contesta a estas preguntas. Escribe las respuestas en tu cuaderno.

1. ¿Dónde está el gallo?
   El gallo está encima del burro.
2. ¿Qué hay a la derecha de la granja?
   A la derecha de la granja hay un carro y un coche.
3. ¿Dónde está el pueblo?
   El pueblo está al lado del lago.
4. ¿Qué hay entre la granja y el pueblo?
   Entre la granja y el pueblo hay un río.

2. Ahora, contesta a...

Deje que los alumnos trabajen individualmente y por escrito.

3. Miguel, desde el campamento, escribió una carta en clave a sus amigos. Ayúdales a descifrarla.

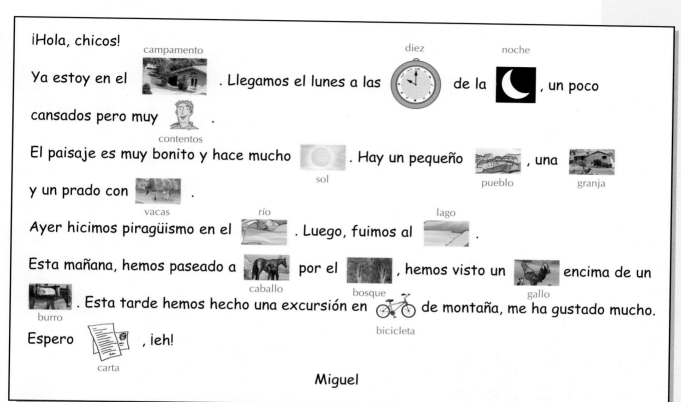

¡Hola, chicos!

Ya estoy en el *campamento*. Llegamos el lunes a las *diez* de la *noche*, un poco cansados pero muy *contentos*.

El paisaje es muy bonito y hace mucho *sol*. Hay un pequeño *pueblo*, una *granja* y un prado con *vacas*.

Ayer hicimos piragüismo en el *río*. Luego, fuimos al *lago*.

Esta mañana, hemos paseado a *caballo* por el *bosque*, hemos visto un *gallo* encima de un *burro*. Esta tarde hemos hecho una excursión en *bicicleta* de montaña, me ha gustado mucho.

Espero *carta*, ¡eh!

Miguel

4. Ahora escucha la grabación y comprueba.

5. Estás en el campamento con Miguel. Observa el horario de las actividades y escribe una carta a un amigo. Es martes y son las siete de la tarde.

Usa estos verbos y expresiones:

- bailar
- merendar
- sacar fotos
- comer
- ver
- jugar
- visitar
- nadar
- bañarse
- pescar
- observar
- hacer *windsurf*

- **Ayer por la mañana / Esta mañana.**
- **Ayer por la tarde / Esta tarde.**
- **Ayer por la noche / Esta noche.**

LUNES

- Mañana
Lago: baño y windsurf

- Tarde
Merienda en el campo
Visita a la granja
Pesca en el río

- Noche
Degustación de los productos de la zona
Vídeos sobre la región

MARTES

- Mañana
Natación en el lago

- Tarde
Concurso fotográfico en el bosque
Observación de la naturaleza (plantas y animales)

- Noche
Concurso de chistes
22:00/23:30   Fiesta

Consolidación
Anime a los alumnos a que escriban más preguntas. Por ejemplo: ¿Dónde está el gato? ¿Dónde están las ovejas? ¿Qué hay delante de la granja? ¿Cuántos animales hay?

5. Estás en el...

Proponga a los estudiantes que redacten la carta en parejas, la comparen luego con la de otro grupo y la mejoren juntos. Para hacer la actividad más divertida, sugiérales que la escriban en clave, como la de Miguel.

Destino: Tenerife (Islas Canarias)

1./2.

Canarias es una de las diecisiete comunidades autónomas de España. Está dividida en dos provincias: Santa Cruz de Tenerife (comprende las islas occidentales: Tenerife, La Palma, La Gomera y El Hierro) y Las Palmas (incluye las islas orientales: Gran Canaria, Fuerteventura y Lanzarote). Sus respectivas capitales son Santa Cruz de Tenerife y Las Palmas de Gran Canaria.

El volcán Teide: con sus 3.718 metros sobre el nivel del mar es la cima más alta de España. (Es un volcán inactivo.)

Deje que los alumnos lean los textos individualmente. Resuelva las dudas de vocabulario. Clasifique con los alumnos las actividades que se pueden realizar en Tenerife: deportivas, culturales, de diversión (diurnas y nocturnas)...

1. **Observa los mapas y contesta a estas preguntas.**
a. ¿Dónde están situadas las Islas Canarias?
b. ¿Cuántas islas hay? ¿Cómo se llaman?

2. **Isla de Tenerife.**

- ¿Qué hay en el centro de la isla?
  En el centro de la isla está el Teide.
- ¿Cómo se llama la capital?
  La capital se llama Santa Cruz de Tenerife.
- ¿Qué actividades se pueden realizar en Tenerife?
  En Tenerife se puede realizar equitación, vela, buceo, *windsurf*, submarinismo, parapente y senderismo.

Para ayudarte:
- bañarse
- tomar el sol
- nadar
- hacer *windsurf*, parapente, vela, submarinismo

- ver una película
- ver tiburones, delfines
- pasear a camello
- comer en una hamburguesería

- jugar en un parque acuático
- conocer el fondo del océano
- bailar
- ver un espectáculo de delfines

- descubrir los planetas
- asistir a un concierto
- hacer excursiones
- visitar un museo, un zoo, una ciudad, un jardín botánico

3. En grupos de cuatro. El verano pasado, la clase fue a Tenerife en viaje de fin de curso y pasó tres días en un camping de una playa cerca de Santa Cruz de Tenerife.

a. Cuenta el viaje: elige dos actividades para el día y una para la noche, para cada día.

El primer día, por la mañana hicimos...
El segundo día, por la mañana hicimos...

b. ¿Qué grupo hizo el viaje más...

... deportivo?
... cultural?
... de diversión?
... próximo a la naturaleza?

3. En grupos de...

Circule por el aula para comprobar las producciones y ayudar a los alumnos que lo necesiten haciéndoles preguntas como: ¿Qué hicisteis el primer día? ¿Os bañasteis? ¿Hicisteis submarinismo? ¿Visteis un espectáculo de delfines? ¿Tomasteis el sol? ¿Visitasteis un museo? ¿A qué hora? ¿Dónde? ¿Durante cuánto tiempo? ¿Qué visteis? ¿Dónde comisteis? ¿Os gustó?

Por fin, invite a los grupos a que lean su texto. ¿Cuál es la actividad preferida de la clase?

Consolidación
Pregunte a los alumnos si conocen las Islas Canarias, cuándo las visitaron y qué hicieron.

Más información sobre Canarias:
• Turismo rural y senderismo: http://www.canariastrekking.com/
• Fotos debajo del mar: http://inicia.es/de/fotosub/
• Parque Nacional del Teide: http://www.vanaga.es/parques/teide/teide.htm
• Fotos de Tenerife: http://www.tenerife.net/GUIA/es/indexe.html

Fonética

PRONUNCIAR LA /g/ Y LA /x/

1. Escucha y marca en tu cuaderno si oyes /g/ o /x/

• trabajar x	• amiga g	• julio x	• inglés g	• ojo x
• hago g	• grande g	• Miguel g	• Jiménez x	• gustar g
• inteligente x	• página x	• ejemplo x	• gimnasia x	• guitarrista g

2. Relaciona.

j + vocal se pronuncia •
gu + e/i se pronuncia •   • /g/
g + e/i se pronuncia •
g + a/o/u/consonante se pronuncia •   • /x/

3. Escucha y escribe las palabras en tu cuaderno.

MUNDO MAYA

Hay restos arqueológicos del imperio maya en cuatro países de habla hispana:
México, Guatemala, Honduras y El Salvador; y en uno de habla inglesa: Belice.

En 1988 se creó el Proyecto Mundo Maya con la participación de estos cinco países.
Todos juntos trabajan por la conservación de los conjuntos arqueológicos, las reservas naturales, el desarrollo del turismo, etc.
Guatemala es la sede de la organización y Honduras tiene la secretaría ejecutiva.

El imperio maya fue muy extenso (más de 300.000 km^2) y tuvo su esplendor máximo desde los siglos IV al X.
Los mayas desarrollaron una civilización técnica y organizada, con división del trabajo por edad, sexo y clase social.
- Inventaron un calendario:
su sistema numérico ya tenía el cero, pero no era decimal, sino vigesimal;
- practicaron la escritura jeroglífica;
- fueron excelentes arquitectos y escultores;
- construyeron más de 100 ciudades.

Mapa:

UXmal — Chichén Itzá — Tulum — Sianka'an — MÉXICO — Altun Ha — Palenque — RESERVA DE LA BIOSFERA MAYA — Tikal — PETÉN — BELICE — MONTES AZULES RESERVA DE LA BIOSFERA — GUATEMALA — Copán — Antigua Guatemala — Lago Atitlán — HONDURAS — Tazumal — Joya de Cerén — EL SALVADOR

El Templo del Sol. PALENQUE. MÉXICO.

El Templo I o del Gran Jaguar.
TIKAL.
GUATEMALA.

El lago y el volcán Atitlán.
GUATEMALA.

mochila

Los conjuntos más importantes de la cultura maya son:

- 1. Palenque (Chiapas), 2. Uxmal (Pirámide del Adivino) y 3. Chichén-Itzá (Pirámide de El Castillo/ Kukulkán, Observatorio de El Caracol, Chac-Mool, Templo de los Guerreros) en México.
- 4. Tikal, el más impresionante, en Guatemala.
- 5. Copán, con inscripciones jeroglíficas, en Honduras.
- 6. Joya de Cerén (enterrada por las cenizas de los volcanes de Lomas de Caldera, se la llama "la Pompeya del Nuevo Mundo") en El Salvador.
- 7. Altún-Ha en Belice.

La Naturaleza es un tesoro en el Mundo Maya: paisajes de enorme variedad (playas de fina arena, cayos y arrecifes de coral, canales submarinos para la natación, el buceo, el *snorkel*, el *surf* y la pesca), y flora y fauna únicas que tratan de conservar Reservas naturales como las del quetzal en Chiapas y en Guatemala, de Sian Ka'an, de los Montes Azules, de la Biosfera Maya, etc.

El pueblo maya sigue vivo hoy en día. Más de 5.000.000 de personas constituyen su población.

Laguna Flores y Selva del Petén. GUATEMALA.

Artesanía maya. Telar de cintura en Zinacantán. GUATEMALA.

Santuario de la mariposa Monarca. MÉXICO.

Buceo en Bahías de Huatulco. MÉXICO.

El Observatorio de El Caracol. CHICHÉN-ITZÁ. MÉXICO.

La pirámide de El Castillo o Kukulkán. CHICHÉN-ITZÁ. MÉXICO.

La pirámide de El Adivino. UXMAL. MÉXICO.

El templo de Los Guerreros. CHICHÉN-ITZÁ. MÉXICO.

Coatí o pizote en Tikal. GUATEMALA.

Museo de la tortuga. Bahías de Huatulco. MÉXICO.

CHIC@S en la red

El invierno pasado, Hugo fue a esquiar por primera vez a San Carlos de Bariloche. Lee su página *web*.

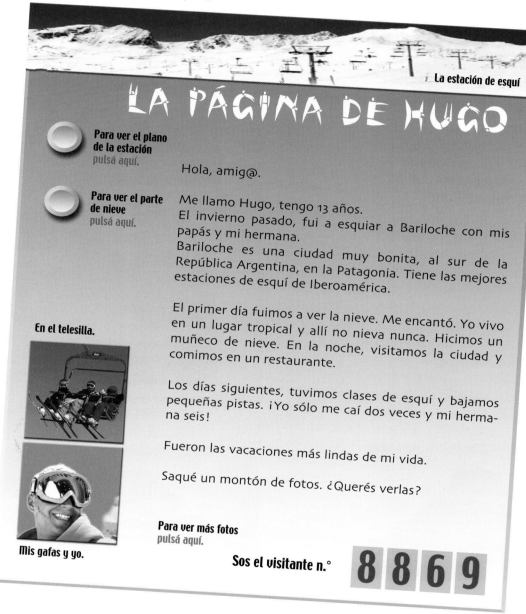

La estación de esquí

LA PÁGINA DE HUGO

Para ver el plano de la estación pulsá aquí.

Para ver el parte de nieve pulsá aquí.

Hola, amig@.

Me llamo Hugo, tengo 13 años.
El invierno pasado, fui a esquiar a Bariloche con mis papás y mi hermana.
Bariloche es una ciudad muy bonita, al sur de la República Argentina, en la Patagonia. Tiene las mejores estaciones de esquí de Iberoamérica.

El primer día fuimos a ver la nieve. Me encantó. Yo vivo en un lugar tropical y allí no nieva nunca. Hicimos un muñeco de nieve. En la noche, visitamos la ciudad y comimos en un restaurante.

Los días siguientes, tuvimos clases de esquí y bajamos pequeñas pistas. ¡Yo sólo me caí dos veces y mi hermana seis!

Fueron las vacaciones más lindas de mi vida.

Saqué un montón de fotos. ¿Querés verlas?

En el telesilla.

Mis gafas y yo.

Para ver más fotos pulsá aquí.

Sos el visitante n.° **8 8 6 9**

En España se dice	En Argentina se dice
mis pades	mis papás
por la noche	en la noche
bonitas	lindas
quieres	querés
pulsa	pulsá
escríbeme	escribime
eres	sos

a. ¿Dónde está la Patagonia?
En el extremo sur de Argentina.

b. ¿Por qué le gusta tanto la nieve a Hugo?
Porque vive en un lugar tropical y allí no nieva nunca.

c. ¿Qué hicieron el primer día?
El primer día fueron a ver la nieve, e hicieron un muñeco de nieve, y por la noche visitaron la ciudad y comieron en un restaurante.

d. ¿Quién esquió mejor, Hugo o su hermana?
Hugo esquió mejor que su hermana.

e. Y tú, ¿sabes esquiar? ¿Dónde pasaste las

últimas vacaciones de invierno?

Manda tu texto a:
chicos-chicas@edelsa.es

FICHA RESUMEN

COMUNICACIÓN

- Hablar de actividades pasadas

El verano pasado hice senderismo, fui a un campamento, hice muchas excursiones...

- Describir paisajes

El río está al lado de la montaña y hay muchos árboles.

GRAMÁTICA

- Pretérito Indefinido
- Verbos regulares: *hablar > hablé; comer > comí ; escribir > escribí.*
- Verbos irregulares: *estar > estuve ; hacer > hice ; ir/ser > fui, tener > tuve; ver > vi.*
- Contraste: Pretérito Indefinido y Pretérito Perfecto

Ayer por la tarde, por la mañana, por la noche... fui al cine.
Esta mañana he ido a la biblioteca.

- Expresiones temporales con Pretérito Indefinido

Ayer, el otro día, el lunes pasado.

- Contraste: *Hay / Está*

En la granja hay animales, pero las vacas están en el campo.

VOCABULARIO

- La naturaleza

El campo, la granja, el sol, las nubes, el pueblo, el lago, el río, el bosque, el prado...

- Actividades al aire libre

Pescar, hacer piragüismo, nadar, sacar fotos, bañarse...

Transcripciones

Unidad 0. Primer contacto

Página 9, actividad 2
1. El Acueducto romano está en la ciudad de Segovia, en el centro de España.
2. El Museo del Prado está en Madrid, la capital de España.
3. La Catedral de la Sagrada Familia está en la ciudad de Barcelona.
4. La Mezquita está en la ciudad de Córdoba, en el sur de España.
5. La ciudad de Puerto Iguazú tiene las cataratas del Iguazú, frontera natural entre Brasil y Argentina.
6. La Boca es un barrio de Buenos Aires, la capital de Argentina.
7. El glaciar Perito Moreno está a 70 km de la ciudad de El Calafate, en la Patagonia argentina.
8. La Catedral de México está en la plaza del Zócalo de la ciudad de México (capital del país).
9. La pirámide El Castillo está en México, en la ciudad de Chichén Itzá.
10. Los Clavados están en Acapulco, México.

Página 12, actividad 5
Yuca, frijoles, chocolate, zapato, llama, ñandú, jaguar, cesta, naranja, rueda.

Unidad 1

Lección 1. ¡Hola!

Página 16, actividad 1
España, Argentina, Brasil, Alemania, Italia, Estados Unidos, México, Chile, Marruecos, Cuba, Bolivia, Perú, Francia, Portugal.

Página 17, actividad 3
¡Hola! Me llamo Armando, soy boliviano.
Me llamo Tamara y soy chilena.
Me llamo Juan y soy mexicano.
¡Buenos días! Me llamo Marta y soy española.
Me llamo Manuel, soy peruano.

Lección 2. Cumpleaños

Página 18, actividad 1
Uno, dos, tres, cuatro, cinco, seis, siete, ocho, nueve, diez, once, doce, trece, catorce, quince, dieciséis, diecisiete, dieciocho, diecinueve, veinte, veintiuno, veintidós, veintitrés, veinticuatro, veinticinco, veintiséis, veintisiete, veintiocho, veintinueve, treinta, treinta y uno.

Página 19, actividad 7
Lunes 3 de marzo; domingo 12 de octubre; martes 18 de noviembre; viernes 21 de febrero; miércoles 16 de abril; martes 24 de junio; viernes 19 de septiembre; jueves 1 de mayo; sábado 26 de julio; domingo 24 de agosto; miércoles 31 de diciembre; lunes 6 de enero.

Fonética

Página 21, actividad 2
1. ¡Hasta luego!
2. ¿Eres español?
3. ¡Sois de Barcelona!
4. ¿Eres colombiana?
5. ¿Eres Isabel?
6. ¡Tienes trece años!
7. ¿Cuándo cumples años?
8. ¿El quince de abril?
9. ¡Buenas noches!

Unidad 2

Lección 3. En el aula

Página 26, actividad 2
5. (la pizarra) ....
15. (los rotuladores) ....
8. (el lápiz) ....
2. (el profesor) ....
11. (el bolígrafo) ....
19. (la mochila) ....
7. (el cuaderno) ....
1. (los alumnos) ....
18. (la mesa) ....
16. (el estuche) ....
14. (el sacapuntas) ....
4. (la regla) ....
6. (la papelera) ....
9. (la silla) ....
17. (los lápices de colores) ....
13. (las tijeras) ....
3. (el libro) ....
12. (el pegamento) ....
10. (la goma) ....

Página 29, actividad 5
- Amarillo. Amarillo.
- Se dice "quince".
- Página 29.
- ¿"Hola"? Hache, o, ele, a.
- No, no, "verde" se escribe con uve.
- Es un color.

Lección 4. Plan de trabajo

Página 30, actividad 1a
Pablo: ¡Buenos días!
Madre: ¡Buenos días!
Pablo: ¿Está Carmen, por favor?
Madre: ¿Eres Pablo?
Pablo: Sí.
Madre: La llamo ahora mismo. Carmen, Carmen, para ti. Es Pablo.
Carmen: ¡Hola, Pablo! ¿Qué tal?
Pablo: Bien ¿y tú? Mira, no sé dónde tengo mi agenda. ¿Qué deberes tenemos para mañana?
Carmen: A ver... para lengua y literatura, leer *La familia de Pascual Duarte*, página 30, y describir la foto; además, aprender la poesía de García Lorca, página 24, y responder a las preguntas 3 y 4. ¿Vale?
Pablo: Sí, ¿y qué más?
Carmen: En inglés, hacer el ejercicio de la página 29 y conjugar *to be* en Presente de Indicativo.
Y, finalmente, para la clase de geografía, dibujar el mapa de España. ¡Ah! ¡Con las Islas Canarias!
Pablo: ¡Claro! Gracias, Carmen. Hasta mañana.
Carmen: De nada. Hasta mañana.

Página 30, actividad 2
1. En clase conjugamos verbos, cantamos canciones en inglés,

recitamos poesías de escritores internacionales y hacemos ejercicios.
2. En clase de francés o de inglés escuchamos casetes, describimos fotos y, claro, hablamos.
3. Bueno, hacemos exámenes y respondemos a las preguntas de los profesores. ¡Buf!
4. Escribir, leer, dibujar y aprender canciones: todo eso lo hacemos también en clase.

Página 31, actividad 5
1. Trabajas.
2. Leen.
3. Respondo.
4. Escribís.
5. Aprenden.
6. Describe.
7. Respondemos.
8. Escribimos.
9. Hacéis.
10. Recitas.
11. Describen.
12. Haces.

Unidad 3

Lección 5. Vida cotidiana

Página 38, actividad 2
1. Pablo: Marta, ¿qué hora es?
Marta: Es la una.
Pablo: ¡La una! ¡Qué tarde!
2. Carmen: Miguel, ¿tienes hora?
Miguel: Sí. Son... las dos y cinco.
Carmen: ¡Las dos y cinco! ¡Uf! A las tres y cuarto, tengo un examen de inglés.
3. Marta: ¿Qué hora es?
Carmen: Las diez menos diez.
4. Carmen: Pablo, ¿tienes hora?
Pablo: Las nueve menos cuarto.
5. Marta: ¿Qué hora es, Miguel?
Miguel: No tengo reloj.
Carmen: Son las siete y media.
6. Miguel: ¿Tienes hora?
Pablo: Son las ocho menos veinticinco.
7. Profesor: Son las cinco y veinte, el examen termina dentro de diez minutos.

Lección 6. Me gustan las matemáticas

Página 42, actividad 1
Este año estudio matemáticas, lengua y literatura, tecnología, educación física, historia, francés, educación plástica, música, geografía. ¡Ah! Y también ciencias de la naturaleza. ¡Buf! Muchas asignaturas.

Página 42, actividad 2
Miguel: Carmen, por favor, ¿me ayudas a completar el horario?
Carmen: Claro. A ver.
Miguel: ¿Cuándo tenemos ciencias de la naturaleza?
Carmen: Los lunes a las once y media, los miércoles a las tres y media y los jueves y los viernes a las doce y media.
Miguel: ¿Y cuándo tenemos historia?
Carmen: Los lunes a las tres y media, los miércoles a las once y media y los jueves a las diez.
Miguel: Gracias. ¡Ah! Y el recreo, ¿a qué hora es?
Carmen: El recreo es de once a once y media.
Miguel: Gracias.
Carmen: Oye, ¿y qué tenemos los martes a las cuatro y media?
Miguel: Los martes a las cuatro y media tenemos música.
Carmen: ¿Y los viernes a las once y media?
Miguel: Tenemos... ah, sí, lengua y literatura. ¡Y los viernes por la tarde no tenemos clase a las cuatro y media!

Página 43, actividad 4
Carmen: Me gustan las ciencias de la naturaleza. No me gusta la geografía.
Pablo: Pues a mí me gusta el inglés y no me gustan las ciencias de la naturaleza.
Marta: Pues a mí... me gusta el deporte, pero no me gusta la historia.
Miguel: A mí me gustan las matemáticas y no me gusta el deporte.

Unidad 4

Lección 7. Mi familia

Página 50, actividad 1
Mi abuela se llama Amelia. Mi abuelo se llama Víctor. Mis abuelos tienen dos hijos: mi madre y mi tío Fernando. Mi madre se llama Eva y mi padre Federico. La mujer de mi tío Fernando se llama Paula. Tengo dos primos: Luciano y Elena. Tengo una hermana, se llama Teresa. ¡Ah! Y tengo también un gato. Se llama Algodón. ¿Por qué? Pues porque es blanco...

Página 51, actividad 3
1. ¿Cómo se llama mi abuela?
2. ¿Cómo se llama mi madre?
3. ¿Cómo se llama mi hermana?
4. ¿Cómo se llama mi tío?
5. ¿Cómo se llama mi padre?
6. ¿Cómo se llama mi prima?
7. ¿Cómo se llama mi abuelo?
8. ¿Cómo se llama mi tía?
9. ¿Cómo se llama mi primo?
10. Y mi gato, ¿cómo se llama?
11. ¿De qué color es?

Página 52, actividad 2
Mi abuela tiene setenta y cinco años. Mi abuelo tiene setenta y siete años. Mi madre tiene cuarenta y dos años. Mi padre tiene cuarenta y cinco años. Mi tío Fernando tiene treinta y nueve años. Mi tía Paula tiene treinta y cuatro años. Mi primo Luciano tiene diez años. Mi prima Elena tiene siete años. Mi hermana Teresa tiene diecisiete años.
Algodón tiene tres años.

Unidad 5

Lección 9. Hemos ido al Parque Safari

Página 64, actividad 2
Miguel: Este fin de semana he comprado una revista y he visto anunciado un concurso muy interesante. Mira, Marta.
Marta: A ver... ¡Un concurso!, ¡genial!
Pablo: ¿Participamos?
Marta: ¿Y dónde encontramos la información?
Miguel: ¡En Internet! He navegado todo el fin de semana y ya he encontrado muchas páginas interesantes.
Pablo: ¿Has hablado con el profesor de ciencias naturales?
Miguel: Sí, esta mañana. Le ha gustado mucho el concurso.
Marta: ¿Y está de acuerdo?
Miguel: Sí.
Pablo: ¡Genial!

Página 65, actividad 4b
Padre: ¿Sí, dígame?
Miguel: Hola, papá, soy Miguel.
Padre: ¡Miguel! Bueno, cuenta, ¿qué tal tu visita?
Miguel: Esta mañana nos hemos levantado muy pronto.
El guía ha llegado a las nueve, nos ha contado la historia del Parque y nos ha hablado de los animales. Luego, hemos ido a la playa.
Padre: ¿Y os habéis bañado?
Miguel: Sí.
Padre: ¿Y qué has visto?

Miguel: Hemos visto monos, rinocerontes...
Padre: ¿Has sacado muchas fotos?
Miguel: Sí, muchas.
Madre: ¿Dónde habéis comido?
Miguel: En la playa, un bocadillo.
Madre: ¿Te ha gustado el Parque?
Miguel: Sí, mucho. Bueno, mañana llamo. Un beso a los dos.

Lección 10. Mundo animal

Página 66, actividad 2a
Miguel: Por favor, ¿el camino más corto para ir a ver los elefantes?
Guía: Bueno... estamos en la entrada, entonces giras la primera a la izquierda. A tu izquierda está el oso panda. Sigues recto y giras la primera a la derecha: estás entre el hipopótamo y la jirafa. Después giras a la izquierda y cruzas el río. Enfrente están los elefantes.
Miguel: Vale. Muchas gracias. ¡Hasta luego!
Guía: De nada. Adiós.

Página 68, actividad 1
El gorila mide un metro sesenta y ocho.
El león corre a cincuenta y ocho kilómetros por hora.
El delfín nada a cincuenta kilómetros por hora.
El hipopótamo vive cuarenta y cinco años.
El cocodrilo tiene sesenta y cinco dientes.
Al día, el hipopótamo come cincuenta y cinco kilos de hierba.

Unidad 6

Lección 11. Carmen es simpática

Página 74, actividad 2a
Carmen: Marta, ¿te gusta el nuevo?
Marta: ¿Pablo? Sí... es superguapo. Se parece a Brad Pitt.
Carmen: ¡Brad Pitt! ¡Qué dices!
Marta: Sí... es alto, delgado, rubio...
Carmen: ¡Y es orgulloso!
Marta: No... He hablado con él esta mañana. Es muy simpático y muy alegre...
Carmen: ¡Simpático! Pues yo también he hablado con él y no me gustado, no es mi tipo. Me gusta más Miguel, porque es muy gracioso y moreno.
Marta: ¡Gracioso! ¡Qué dices! Es bastante reservado.
Carmen: Bueno... un poco, también es educado.
Marta: ¡Bah! Es tímido y aburrido.

Página 76, actividad 1a
1. Le gusta mucho su oso de peluche.
2. No habla con sus amigos.
3. No le gusta pedir perdón.
4. Tiene mucha fiebre.
5. No duerme bastante.
6. Le gusta mucho María.
7. Tiene buenas notas en clase.
8. Le gusta la moto de Guillermo. Quiere la mochila de Miguel, el ordenador de Pablo.
9. No sale el sábado por la tarde.

Lección 12. ¿Qué estás haciendo?

Página 78, actividad 1
Carmen: ¿Sí?
Pablo: Hola, Carmen, soy Pablo. ¿Habéis terminado los deberes?
Carmen: Armando y Miguel sí, pero yo no. Estoy haciendo el ejercicio de francés.
Pablo: ¿Armando y Miguel se han ido?
Carmen: No, no, todavía están aquí. Armando está escuchando música. Y Miguel está escribiendo a una amiga. Y tú, ¿has hecho los deberes?
Pablo: No, el ejercicio de matemáticas todavía no. Tengo tiempo, es para el jueves.
Carmen: ¿Y qué estás haciendo?

Pablo: Estoy trabajando con el ordenador. ¿Me pones con Miguel?
Carmen: Sí, ahora. ¡Miguel! ¡Miguel!

Página 80, actividad 1
Armando: Sí, ¿dígame?
Madre: Armando, soy mamá. Estoy en el supermercado. Estoy comprando el regalo. ¿Está papá en casa?
Armando: No, ha salido. Está comprando los refrescos.
Madre: ¿Y la abuela?
Armando: Sí, sí... está aquí. Está preparando la tarta.
Madre: Y tú, ¿qué estás haciendo?
Armando: Estoy poniendo la mesa.
Madre: Bueno... Vuelvo a las once. Hasta luego.
Armando: Vale. Hasta luego.
Madre: Oye, oye, ¿y tu hermana?
Armando: ¿Lucía?
Madre: Sí, ¿qué esta haciendo?
Armando: Pues se ha levantado para desayunar.
Madre: ¿Y no ha decorado el jardín?
Armando: Pues no. Está cortando flores...

Unidad 7

Lección 13. Tiempo libre

Página 86, actividad 1
Carmen: Descansamos un poco, ¿de acuerdo?
Miguel: Sí. Yo también estoy cansado.
Carmen: ¿Te gusta ver la tele?
Miguel: No, no me gusta.
Carmen: Pues a mí me gusta mucho y me encanta escuchar música y leer cómics.
Miguel: ¡A mí también me encanta! Y me gusta bailar, sobre todo el *rap*.
Carmen: A mí también me gusta bailar, pero yo prefiero la música *tecno*.
Miguel: ¿Sabes?, tengo muchos videojuegos en casa porque me gustan mucho, ¿y a ti?
Carmen: ¡Detesto los videojuegos! Prefiero ir a la playa y bañarme.
Miguel: ¡No es lo mismo! Pero a mí también me gusta mucho el mar, sobre todo nadar. ¿Y te gusta dibujar?
Carmen: Bah... No me gusta. Es aburrido.
Miguel: A mí tampoco. Oye, ¿y el cine te gusta?
Carmen: La verdad es que no me gusta mucho. Lo que más me gusta es montar en bicicleta.
Miguel: ¡Y a mí! Y el cine tampoco me gusta... Bueno, ¿seguimos?
Carmen: Vale.

Lección 14. Los deportes

Página 91, actividad 4
Miguel: ¿Qué vas a hacer este fin de semana, Carmen?
Carmen: Pues voy a ir a la playa y voy a hacer *surf*. Luego, voy a jugar al voleibol.
Marta: Yo también voy a hacer *surf*. Me encanta.
Carmen: ¿Vamos juntas?
Marta: Sí, ¡genial! Y tú, Miguel, ¿qué vas a hacer?
Miguel: Voy a jugar al fútbol.
Pablo: Y yo, voy a practicar yudo, hago yudo todos los sábados por la mañana, me gusta mucho.
Miguel: Y por la tarde, ¿qué vas a hacer?
Pablo: No lo sé.
Miguel: ¿Quieres jugar al fútbol conmigo?
Pablo: ¡Vale! Y luego vamos a ver a Marta y a Carmen.

Página 93, actividad 3b
Julia: Hola, Pablo, ¿qué tal?
Pablo: Bien, muy bien. Estoy un poco cansado porque esta semana nos hemos entrenado mucho para la final.
Julia: ¿Por qué te gusta el baloncesto?
Pablo: Porque es un deporte de equipo.
Julia: ¿Te entrenas mucho?
Pablo: Dos veces por semana, los lunes y jueves.
Julia: ¿Dónde te entrenas?

Pablo: En el gimnasio del instituto.
Julia: ¿Cómo son tus compañeros de equipo?
Pablo: Todos son muy simpáticos. Nos llevamos muy bien.
Julia: ¿Jugáis muchos partidos?
Pablo: Pues... sí. Jugamos todos los sábados por la tarde.
Julia: Bueno... el sábado es la final, ¿qué va a pasar?
Pablo: ¡Que vamos a ganar!

Fonética

Página 93, actividad 3
Cruz, practicar, cine, vez, cerrar, camiseta, cocina, color, concurso, empezar, azul, diez, vacaciones, curso, zoo.

Unidad 8

Lección 15. ¡Vacaciones!

Página 98, actividad 1
Carmen: ¡Qué bien!, ya llegan las vacaciones.
Miguel: Es verdad, ¿tú qué hiciste las vacaciones pasadas?
Carmen: Yo pasé el verano con una amiga en el campo, hicimos senderismo y caminamos todos los días. ¿Y tú?
Miguel: Pues yo estuve en la montaña, conocí sitios preciosos, hice muchas excursiones. Fui con mi hermana. Este año voy a ir a un campamento de verano.
Carmen: ¡Qué suerte!

Lección 16. Campamento de verano

Página 102, actividad 1

a. Soy de color blanco, tengo una forma alargada.
Estoy encima de las montañas.
¿Quién soy?
Pista: tengo el número 1.

b. Soy un animal.
Tengo cuatro patas, estoy cerca de ti y encima de mí hay otro animal.
¿Quién soy?
Pista: tengo el número veinte.

c. Soy verde y marrón. Soy alto.
¿Quién soy?
Pista: tengo el número nueve.

d. Somos dos, tenemos cuatro patas y nos cuida un perro.
¿Quiénes somos?
Pista: tenemos el número diecisiete.

e. A veces estoy tranquilo y a veces enfadado. Soy azul, a veces verde.
¿Quién soy?
Pista: tengo el número siete.

f. Dicen que soy el mejor amigo del hombre.
¿Quién soy?
Pista: tengo el número dieciséis.

g. Estoy delante de la granja y hay un árbol junto a mí.
¿Quién soy?
Pista: tengo el número catorce.

h. Me gusta la tranquilidad, el sol y la libertad.
Soy un animal doméstico.
Estoy encima del techo y debajo hay un perro.
Pista: tengo el número doce.

i. Soy como dos piernas abiertas, una a cada lado del campo.
Pasan coches por encima de mí.
¿Quién soy?
Pista: tengo el número cinco.

j. También de mí dicen que soy el mejor amigo del hombre, y que además soy muy noble. Detrás de mí está la granja.
¿Quién soy?
Pista: tengo el número once.

k. Vivo en el campo. Como hierba verde todo el día y doy leche. Detrás de mí están los árboles y delante hay una granja.
¿Quién soy?
Pista: tengo el número diez.

l. Soy el emblema de los franceses.
En las granjas hay muchos como yo.
Tengo varios colores: rojo, azul, marrón...
También tengo un carácter fuerte.
¿Quién soy?
Pista: tengo el número dieciocho.

m. Estoy cerca de las montañas y delante de mí hay un lago.
¿Quién soy?
Pista: tengo el número tres.

n. Hay un árbol y un coche cerca y la granja está detrás.
Soy de color marrón.
¿Quién soy?
Pista: tengo el número quince.

ñ. Hay varios animales. Están las ovejas, el burro, el perro, y hay un gallo cerca.
Tengo dos patas.
¿Quién soy?
Pista: tengo el número diecinueve.

Y, ahora, ¿quiénes somos si te decimos que tenemos los números dos, cuatro, seis, ocho y veintiuno?

Página 103, actividad 4

¡Hola, chicos!
Ya estoy en el campamento. Llegamos el lunes a las diez de la noche, un poco cansados pero muy contentos.
El paisaje es muy bonito y hace mucho sol. Hay un pequeño pueblo, una granja y un prado con vacas.
Ayer hicimos piragüismo en el río. Luego, fuimos al lago.
Esta mañana, hemos paseado a caballo por el bosque, hemos visto un gallo encima de un burro. Esta tarde hemos hecho una excursión en bicicleta de montaña, me ha gustado mucho. Espero carta, ¡eh!,
Miguel

Fonética

Página 105, actividad 3

Jugué, agarrar, ejercicio, agua, grupo, granja, pregunta, viaje, geografía, bajo, junio, jirafa, guitarra, girar, gatos, Argentina, dibujar.

Conjugación

I. Auxiliares

INFINITIVO: SER
GERUNDIO: SIENDO
PARTICIPIO: SIDO

PRESENTE INDICATIVO

(Yo)	soy
(Tú)	eres
(Él, ella, usted)	es
(Nosotros/as)	somos
(Vosotros/as)	sois
(Ellos, ellas, ustedes)	son

PRETÉRITO INDEFINIDO

(Yo)	fui
(Tú)	fuiste
(Él, ella, usted)	fue
(Nosotros/as)	fuimos
(Vosotros/as)	fuisteis
(Ellos, ellas, ustedes)	fueron

PRETÉRITO PERFECTO

(Yo)	he sido
(Tú)	has sido
(Él, ella, usted)	ha sido
(Nosotros/as)	hemos sido
(Vosotros/as)	habéis sido
(Ellos, ellas, ustedes)	han sido

INFINITIVO: ESTAR
GERUNDIO: ESTANDO
PARTICIPIO: ESTADO

PRESENTE INDICATIVO

(Yo)	estoy
(Tú)	estás
(Él, ella, usted)	está
(Nosotros/as)	estamos
(Vosotros/as)	estáis
(Ellos, ellas, ustedes)	están

PRETÉRITO INDEFINIDO

(Yo)	estuve
(Tú)	estuviste
(Él, ella, usted)	estuvo
(Nosotros/as)	estuvimos
(Vosotros/as)	estuvisteis
(Ellos, ellas, ustedes)	estuvieron

PRETÉRITO PERFECTO

(Yo)	he estado
(Tú)	has estado
(Él, ella, usted)	ha estado
(Nosotros/as)	hemos estado
(Vosotros/as)	habéis estado
(Ellos, ellas, ustedes)	han estado

INFINITIVO: HABER
GERUNDIO: HABIENDO
PARTICIPIO: HABIDO

PRESENTE INDICATIVO

(Yo)	he
(Tú)	has
(Él, ella, usted)	ha
(Nosotros/as)	hemos
(Vosotros/as)	habéis
(Ellos, ellas, ustedes)	han

PRETÉRITO INDEFINIDO

(Yo)	hube
(Tú)	hubiste
(Él, ella, usted)	hubo
(Nosotros/as)	hubimos
(Vosotros/as)	hubisteis
(Ellos, ellas, ustedes)	hubieron

PRETÉRITO PERFECTO

(Yo)	he habido
(Tú)	has habido
(Él, ella, usted)	ha habido
(Nosotros/as)	hemos habido
(Vosotros/as)	habéis habido
(Ellos, ellas, ustedes)	han habido

2. Regulares

• verbos en -AR

INFINITIVO: CANTAR
GERUNDIO: CANTANDO
PARTICIPIO: CANTADO

PRESENTE INDICATIVO

(Yo)	canto
(Tú)	cantas
(Él, ella, usted)	canta
(Nosotros/as)	cantamos
(Vosotros/as)	cantáis
(Ellos, ellas, ustedes)	cantan

PRETÉRITO INDEFINIDO

(Yo)	canté
(Tú)	cantaste
(Él, ella, usted)	cantó
(Nosotros/as)	cantamos
(Vosotros/as)	cantasteis
(Ellos, ellas, ustedes)	cantaron

PRETÉRITO PERFECTO

(Yo)	he cantado
(Tú)	has cantado
(Él, ella, usted)	ha cantado
(Nosotros/as)	hemos cantado
(Vosotros/as)	habéis cantado
(Ellos, ellas, ustedes)	han cantado

INFINITIVO: VIAJAR
GERUNDIO: VIAJANDO
PARTICIPIO: VIAJADO

PRESENTE INDICATIVO

(Yo)	viajo
(Tú)	viajas
(Él, ella, usted)	viaja
(Nosotros/as)	viajamos
(Vosotros/as)	viajáis
(Ellos, ellas, ustedes)	viajan

PRETÉRITO INDEFINIDO

(Yo)	viajé
(Tú)	viajaste
(Él, ella, usted)	viajó
(Nosotros/as)	viajamos
(Vosotros/as)	viajasteis
(Ellos, ellas, ustedes)	viajaron

PRETÉRITO PERFECTO

(Yo)	he viajado
(Tú)	has viajado
(Él, ella, usted)	ha viajado
(Nosotros/as)	hemos viajado
(Vosotros/as)	habéis viajado
(Ellos, ellas, ustedes)	han viajado

• verbos en -ER

INFINITIVO: BEBER
GERUNDIO: BEBIENDO
PARTICIPIO: BEBIDO

PRESENTE INDICATIVO

(Yo)	bebo
(Tú)	bebes
(Él, ella, usted)	bebe
(Nosotros/as)	bebemos
(Vosotros/as)	bebéis
(Ellos, ellas, ustedes)	beben

PRETÉRITO INDEFINIDO

(Yo)	bebí
(Tú)	bebiste
(Él, ella, usted)	bebió
(Nosotros/as)	bebimos
(Vosotros/as)	bebisteis
(Ellos, ellas, ustedes)	bebieron

PRETÉRITO PERFECTO

(Yo)	he bebido
(Tú)	has bebido
(Él, ella, usted)	ha bebido
(Nosotros/as)	hemos bebido
(Vosotros/as)	habéis bebido
(Ellos, ellas, ustedes)	han bebido

INFINITIVO: COMER
GERUNDIO: COMIENDO
PARTICIPIO: COMIDO

PRESENTE INDICATIVO

(Yo)	como
(Tú)	comes
(Él, ella, usted)	come
(Nosotros/as)	comemos
(Vosotros/as)	coméis
(Ellos, ellas, ustedes)	comen

PRETÉRITO INDEFINIDO

(Yo)	comí
(Tú)	comiste
(Él, ella, usted)	comió
(Nosotros/as)	comimos
(Vosotros/as)	comisteis
(Ellos, ellas, ustedes)	comieron

PRETÉRITO PERFECTO

(Yo)	he comido
(Tú)	has comido
(Él, ella, usted)	ha comido
(Nosotros/as)	hemos comido
(Vosotros/as)	habéis comido
(Ellos, ellas, ustedes)	han comido

• verbos en -IR

INFINITIVO: VIVIR
GERUNDIO: VIVIENDO
PARTICIPIO: VIVIDO

PRESENTE INDICATIVO

(Yo)	vivo
(Tú)	vives
(Él, ella, usted)	vive
(Nosotros/as)	vivimos
(Vosotros/as)	vivís
(Ellos, ellas, ustedes)	viven

[anotación manuscrita: Reir / río reío / ríes / ríe / reímos / reís / ríen]

PRETÉRITO INDEFINIDO

(Yo)	viví
(Tú)	viviste
(Él, ella, usted)	vivió
(Nosotros/as)	vivimos
(Vosotros/as)	vivisteis
(Ellos, ellas, ustedes)	vivieron

PRETÉRITO PERFECTO

(Yo)	he vivido
(Tú)	has vivido
(Él, ella, usted)	ha vivido
(Nosotros/as)	hemos vivido
(Vosotros/as)	habéis vivido
(Ellos, ellas, ustedes)	han vivido

INFINITIVO: ESCRIBIR
GERUNDIO: ESCRIBIENDO
PARTICIPIO: ESCRITO

PRESENTE INDICATIVO

(Yo)	escribo
(Tú)	escribes
(Él, ella, usted)	escribe
(Nosotros/as)	escribimos
(Vosotros/as)	escribís
(Ellos, ellas, ustedes)	escriben

PRETÉRITO INDEFINIDO

(Yo)	escribí
(Tú)	escribiste
(Él, ella, usted)	escribió
(Nosotros/as)	escribimos
(Vosotros/as)	escribisteis
(Ellos, ellas, ustedes)	escribieron

PRETÉRITO PERFECTO

(Yo)	he escrito
(Tú)	has escrito
(Él, ella, usted)	ha escrito
(Nosotros/as)	hemos escrito
(Vosotros/as)	habéis escrito
(Ellos, ellas, ustedes)	han escrito

• verbos Pronominales

INFINITIVO: LLAMARSE
GERUNDIO: LLAMÁNDOSE
PARTICIPIO: LLAMADO

PRESENTE INDICATIVO

(Yo)	me llamo
(Tú)	te llamas
(Él, ella, usted)	se llama
(Nosotros/as)	nos llamamos
(Vosotros/as)	os llamáis
(Ellos, ellas, ustedes)	se llaman

PRETÉRITO INDEFINIDO

(Yo)	me llamé
(Tú)	te llamaste
(Él, ella, usted)	se llamó
(Nosotros/as)	nos llamamos
(Vosotros/as)	os llamasteis
(Ellos, ellas, ustedes)	se llamaron

PRETÉRITO PERFECTO

(Yo)	me he llamado
(Tú)	te has llamado
(Él, ella, usted)	se ha llamado
(Nosotros/as)	nos hemos llamado
(Vosotros/as)	os habéis llamado
(Ellos, ellas, ustedes)	se han llamado

INFINITIVO: BAÑARSE
GERUNDIO: BAÑÁNDOSE
PARTICIPIO: BAÑADO

PRESENTE INDICATIVO

(Yo)	me baño
(Tú)	te bañas
(Él, ella, usted)	se baña
(Nosotros/as)	nos bañamos
(Vosotros/as)	os bañáis
(Ellos, ellas, ustedes)	se bañan

PRETÉRITO INDEFINIDO

(Yo)	me bañé
(Tú)	te bañaste
(Él, ella, usted)	se bañó
(Nosotros/as)	nos bañamos
(Vosotros/as)	os bañasteis
(Ellos, ellas, ustedes)	se bañaron

PRETÉRITO PERFECTO

(Yo)	me he bañado
(Tú)	te has bañado
(Él, ella, usted)	se ha bañado
(Nosotros/as)	nos hemos bañado
(Vosotros/as)	os habéis bañado
(Ellos, ellas, ustedes)	se han bañado

3. Irregulares
• e>ie

INFINITIVO: EMPEZAR
GERUNDIO: EMPEZANDO
PARTICIPIO: EMPEZADO

PRESENTE INDICATIVO

(Yo)	empiezo
(Tú)	empiezas
(Él, ella, usted)	empieza
(Nosotros/as)	empezamos
(Vosotros/as)	empezáis
(Ellos, ellas, ustedes)	empiezan

PRETÉRITO INDEFINIDO

(Yo)	empecé
(Tú)	empezaste
(Él, ella, usted)	empezó
(Nosotros/as)	empezamos
(Vosotros/as)	empezasteis
(Ellos, ellas, ustedes)	empezaron

PRETÉRITO PERFECTO

(Yo)	he empezado
(Tú)	has empezado
(Él, ella, usted)	ha empezado
(Nosotros/as)	hemos empezado
(Vosotros/as)	habéis empezado
(Ellos, ellas, ustedes)	han empezado

INFINITIVO: MERENDAR
GERUNDIO: MERENDANDO
PARTICIPIO: MERENDADO

PRESENTE INDICATIVO

(Yo)	meriendo
(Tú)	meriendas
(Él, ella, usted)	merienda
(Nosotros/as)	merendamos
(Vosotros/as)	merendáis
(Ellos, ellas, ustedes)	meriendan

PRETÉRITO INDEFINIDO

(Yo)	merendé
(Tú)	merendaste
(Él, ella, usted)	merendó
(Nosotros/as)	merendamos
(Vosotros/as)	merendasteis
(Ellos, ellas, ustedes)	merendaron

PRETÉRITO PERFECTO

(Yo)	he merendado
(Tú)	has merendado
(Él, ella, usted)	ha merendado
(Nosotros/as)	hemos merendado
(Vosotros/as)	habéis merendado
(Ellos, ellas, ustedes)	han merendado

• o>ue

INFINITIVO: VOLVER
GERUNDIO: VOLVIENDO
PARTICIPIO: VUELTO

PRESENTE INDICATIVO

(Yo)	vuelvo
(Tú)	vuelves
(Él, ella, usted)	vuelve
(Nosotros/as)	volvemos
(Vosotros/as)	volvéis
(Ellos, ellas, ustedes)	vuelven

PRETÉRITO INDEFINIDO

(Yo)	volví
(Tú)	volviste
(Él, ella, usted)	volvió
(Nosotros/as)	volvimos
(Vosotros/as)	volvisteis
(Ellos, ellas, ustedes)	volvieron

PRETÉRITO PERFECTO

(Yo)	he vuelto
(Tú)	has vuelto
(Él, ella, usted)	ha vuelto
(Nosotros/as)	hemos vuelto
(Vosotros/as)	habéis vuelto
(Ellos, ellas, ustedes)	han vuelto

INFINITIVO: ACOSTARSE
GERUNDIO: ACOSTÁNDOSE
PARTICIPIO: ACOSTADO

PRESENTE INDICATIVO

(Yo)	me acuesto
(Tú)	te acuestas
(Él, ella, usted)	se acuesta
(Nosotros/as)	nos acostamos
(Vosotros/as)	os acostáis
(Ellos, ellas, ustedes)	se acuestan

PRETÉRITO INDEFINIDO

(Yo)	me acosté
(Tú)	te acostaste
(Él, ella, usted)	se acostó
(Nosotros/as)	nos acostamos
(Vosotros/as)	os acostasteis
(Ellos, ellas, ustedes)	se acostaron

PRETÉRITO PERFECTO

(Yo)	me he acostado
(Tú)	te has acostado
(Él, ella, usted)	se ha acostado
(Nosotros/as)	nos hemos acostado
(Vosotros/as)	os habéis acostado
(Ellos, ellas, ustedes)	se han acostado

• e>i

INFINITIVO: SEGUIR
GERUNDIO: SIGUIENDO
PARTICIPIO: SEGUIDO

PRESENTE INDICATIVO

(Yo)	sigo
(Tú)	sigues
(Él, ella, usted)	sigue
(Nosotros/as)	seguimos
(Vosotros/as)	seguís
(Ellos, ellas, ustedes)	siguen

PRETÉRITO INDEFINIDO

(Yo)	seguí
(Tú)	seguiste
(Él, ella, usted)	siguió
(Nosotros/as)	seguimos
(Vosotros/as)	seguisteis
(Ellos, ellas, ustedes)	siguieron

PRETÉRITO PERFECTO

(Yo)	he seguido
(Tú)	has seguido
(Él, ella, usted)	ha seguido
(Nosotros/as)	hemos seguido
(Vosotros/as)	habéis seguido
(Ellos, ellas, ustedes)	han seguido

INFINITIVO: VESTIRSE
GERUNDIO: VISTIÉNDOSE
PARTICIPIO: VESTIDO

PRESENTE INDICATIVO

(Yo)	me visto
(Tú)	te vistes
(Él, ella, usted)	se viste
(Nosotros/as)	nos vestimos
(Vosotros/as)	os vestís
(Ellos, ellas, ustedes)	se visten

PRETÉRITO INDEFINIDO

(Yo)	me vestí
(Tú)	te vestiste
(Él, ella, usted)	se vistió
(Nosotros/as)	nos vestimos
(Vosotros/as)	os vestisteis
(Ellos, ellas, ustedes)	se vistieron

PRETÉRITO PERFECTO

(Yo)	me he vestido
(Tú)	te has vestido
(Él, ella, usted)	se ha vestido
(Nosotros/as)	nos hemos vestido
(Vosotros/as)	os habéis vestido
(Ellos, ellas, ustedes)	se han vestido

• u>ue

INFINITIVO: JUGAR
GERUNDIO: JUGANDO
PARTICIPIO: JUGADO

PRESENTE INDICATIVO

(Yo)	juego
(Tú)	juegas
(Él, ella, usted)	juega
(Nosotros/as)	jugamos
(Vosotros/as)	jugáis
(Ellos, ellas, ustedes)	juegan

PRETÉRITO INDEFINIDO

(Yo)	jugué
(Tú)	jugaste
(Él, ella, usted)	jugó
(Nosotros/as)	jugamos
(Vosotros/as)	jugasteis
(Ellos, ellas, ustedes)	jugaron

PRETÉRITO PERFECTO

(Yo)	he jugado
(Tú)	has jugado
(Él, ella, usted)	ha jugado
(Nosotros/as)	hemos jugado
(Vosotros/as)	habéis jugado
(Ellos, ellas, ustedes)	han jugado

4. Otros verbos Irregulares

INFINITIVO: CONOCER
GERUNDIO: CONOCIENDO
PARTICIPIO: CONOCIDO

PRESENTE INDICATIVO

(Yo)	conozco
(Tú)	conoces
(Él, ella, usted)	conoce
(Nosotros/as)	conocemos
(Vosotros/as)	conocéis
(Ellos, ellas, ustedes)	conocen

PRETÉRITO INDEFINIDO

(Yo)	conocí
(Tú)	conociste
(Él, ella, usted)	conoció
(Nosotros/as)	conocimos
(Vosotros/as)	conocisteis
(Ellos, ellas, ustedes)	conocieron

PRETÉRITO PERFECTO

(Yo)	he conocido
(Tú)	has conocido
(Él, ella, usted)	ha conocido
(Nosotros/as)	hemos conocido
(Vosotros/as)	habéis conocido
(Ellos, ellas, ustedes)	han conocido

INFINITIVO: DECIR
GERUNDIO: DICIENDO
PARTICIPIO: DICHO

PRESENTE INDICATIVO

(Yo)	digo
(Tú)	dices
(Él, ella, usted)	dice
(Nosotros/as)	decimos
(Vosotros/as)	decís
(Ellos, ellas, ustedes)	dicen

PRETÉRITO INDEFINIDO

(Yo)	dije
(Tú)	dijiste
(Él, ella, usted)	dijo
(Nosotros/as)	dijimos
(Vosotros/as)	dijisteis
(Ellos, ellas, ustedes)	dijeron

PRETÉRITO PERFECTO

(Yo)	he dicho
(Tú)	has dicho
(Él, ella, usted)	ha dicho
(Nosotros/as)	hemos dicho
(Vosotros/as)	habéis dicho
(Ellos, ellas, ustedes)	han dicho

INFINITIVO: HACER
GERUNDIO: HACIENDO
PARTICIPIO: HECHO

PRESENTE INDICATIVO

(Yo)	hago
(Tú)	haces
(Él, ella, usted)	hace
(Nosotros/as)	hacemos
(Vosotros/as)	hacéis
(Ellos, ellas, ustedes)	hacen

PRETÉRITO INDEFINIDO

(Yo)	hice
(Tú)	hiciste
(Él, ella, usted)	hizo
(Nosotros/as)	hicimos
(Vosotros/as)	hicisteis
(Ellos, ellas, ustedes)	hicieron

PRETÉRITO PERFECTO

(Yo)	he hecho
(Tú)	has hecho
(Él, ella, usted)	ha hecho
(Nosotros/as)	hemos hecho
(Vosotros/as)	habéis hecho
(Ellos, ellas, ustedes)	han hecho

INFINITIVO: IR
GERUNDIO: YENDO
PARTICIPIO: IDO

PRESENTE INDICATIVO

(Yo)	voy
(Tú)	vas
(Él, ella, usted)	va
(Nosotros/as)	vamos
(Vosotros/as)	vais
(Ellos, ellas, ustedes)	van

PRETÉRITO INDEFINIDO

(Yo)	fui
(Tú)	fuiste
(Él, ella, usted)	fue
(Nosotros/as)	fuimos
(Vosotros/as)	fuisteis
(Ellos, ellas, ustedes)	fueron

PRETÉRITO PERFECTO

(Yo)	he ido
(Tú)	has ido
(Él, ella, usted)	ha ido
(Nosotros/as)	hemos ido
(Vosotros/as)	habéis ido
(Ellos, ellas, ustedes)	han ido

INFINITIVO: LEER
GERUNDIO: LEYENDO
PARTICIPIO: LEÍDO

PRESENTE INDICATIVO

(Yo)	leo
(Tú)	lees
(Él, ella, usted)	lee
(Nosotros/as)	leemos
(Vosotros/as)	leéis
(Ellos, ellas, ustedes)	leen

PRETÉRITO INDEFINIDO

(Yo)	leí
(Tú)	leíste
(Él, ella, usted)	leyó
(Nosotros/as)	leímos
(Vosotros/as)	leísteis
(Ellos, ellas, ustedes)	leyeron

PRETÉRITO PERFECTO

(Yo)	he leído
(Tú)	has leído
(Él, ella, usted)	ha leído
(Nosotros/as)	hemos leído
(Vosotros/as)	habéis leído
(Ellos, ellas, ustedes)	han leído

INFINITIVO: PODER
GERUNDIO: PUDIENDO
PARTICIPIO: PODIDO

PRESENTE INDICATIVO

(Yo)	puedo
(Tú)	puedes
(Él, ella, usted)	puede
(Nosotros/as)	podemos
(Vosotros/as)	podéis
(Ellos, ellas, ustedes)	pueden

PRETÉRITO INDEFINIDO

(Yo)	pude
(Tú)	pudiste
(Él, ella, usted)	pudo
(Nosotros/as)	pudimos
(Vosotros/as)	pudisteis
(Ellos, ellas, ustedes)	pudieron

PRETÉRITO PERFECTO

(Yo)	he podido
(Tú)	has podido
(Él, ella, usted)	ha podido
(Nosotros/as)	hemos podido
(Vosotros/as)	habéis podido
(Ellos, ellas, ustedes)	han podido

PRETÉRITO INDEFINIDO

(Yo)	tuve
(Tú)	tuviste
(Él, ella, usted)	tuvo
(Nosotros/as)	tuvimos
(Vosotros/as)	tuvisteis
(Ellos, ellas, ustedes)	tuvieron

PRETÉRITO PERFECTO

(Yo)	he tenido
(Tú)	has tenido
(Él, ella, usted)	ha tenido
(Nosotros/as)	hemos tenido
(Vosotros/as)	habéis tenido
(Ellos, ellas, ustedes)	han tenido

INFINITIVO: PONER
GERUNDIO: PONIENDO
PARTICIPIO: PUESTO

PRESENTE INDICATIVO

(Yo)	pongo
(Tú)	pones
(Él, ella, usted)	pone
(Nosotros/as)	ponemos
(Vosotros/as)	ponéis
(Ellos, ellas, ustedes)	ponen

PRETÉRITO INDEFINIDO

(Yo)	puse
(Tú)	pusiste
(Él, ella, usted)	puso
(Nosotros/as)	pusimos
(Vosotros/as)	pusisteis
(Ellos, ellas, ustedes)	pusieron

PRETÉRITO PERFECTO

(Yo)	he puesto
(Tú)	has puesto
(Él, ella, usted)	ha puesto
(Nosotros/as)	hemos puesto
(Vosotros/as)	habéis puesto
(Ellos, ellas, ustedes)	han puesto

INFINITIVO: TENER
GERUNDIO: TENIENDO
PARTICIPIO: TENIDO

PRESENTE INDICATIVO

(Yo)	tengo
(Tú)	tienes
(Él, ella, usted)	tiene
(Nosotros/as)	tenemos
(Vosotros/as)	tenéis
(Ellos, ellas, ustedes)	tienen

INFINITIVO: VER
GERUNDIO: VIENDO
PARTICIPIO: VISTO

PRESENTE INDICATIVO

(Yo)	veo
(Tú)	ves
(Él, ella, usted)	ve
(Nosotros/as)	vemos
(Vosotros/as)	veis
(Ellos, ellas, ustedes)	ven

PRETÉRITO INDEFINIDO

(Yo)	vi
(Tú)	viste
(Él, ella, usted)	vio
(Nosotros/as)	vimos
(Vosotros/as)	visteis
(Ellos, ellas, ustedes)	vieron

PRETÉRITO PERFECTO

(Yo)	he visto
(Tú)	has visto
(Él, ella, usted)	ha visto
(Nosotros/as)	hemos visto
(Vosotros/as)	habéis visto
(Ellos, ellas, ustedes)	han visto

Glosario

ESPAÑOL	ITALIANO	FRANCÉS	INGLÉS	ALEMÁN	PORTUGUÉS
UNIDAD 1	**UNIDAD 1**	**UNIDAD 1**	**UNIDAD 1**	**UNIDAD 1**	**UNIDAD 1**
abril	aprile	avril	april	April	abril
adiós	ciao, arrivederci	au revoir	good-bye	auf Wiedersehen	Tchau, adeus
agosto	agosto	août	august	August	agosto
año (el)	anno	année	year	Jahr	ano
apellido (el)	cognome	nom de famille	surname	Familienname	sobrenome
beso (el)	bacio	bise	kiss	Kuss	beijo
buenas noches	buonanotte	bonsoir/bonne nuit	good evening/night	guten Abend	boa noite
buenas tardes	buonasera	bonjour/bonsoir	good afternoon	guten Tag	boa tarde
buenos días	buongiorno	bonjour	good morning	guten Morgen	bom dia
cumpleaños (el)	compleanno	anniversaire	birthday	Geburtstag	aniversário
cumplir (años)	compiere	être l´anniversaire	to reach the age of	Geburtstag feiern	fazer aniversario
despedirse	accomiatarsi da	dire au revoir	to say goodbye	s.verabschieden	despedir-se
día (el)	giorno	jour	day	Tag	dia
diciembre	dicembre	décembre	december	Dezember	dezembro
domingo (el)	domenica	dimanche	Sunday	Sonntag	domingo
edad (la)	età	âge	age	Alter	idade
enero	gennaio	janvier	january	Januar	janeiro
estación (del año) (la)	stagione	saison	season	Jahreszeit	estação
febrero	febbraio	février	february	Februar	fevereiro
fecha (la)	data	date	date	Datum	data
fecha de nacimiento (la)	data di nascita	date de naissance	date of birth	Geburtsdatum	data de nascimento
hasta luego	arrivederci, a più tardi	à tout à l'heure	see you soon	bis nachher	até logo
hemisferio (el)	emisfero	hémisphère	hemisphere	Halbkugel	hemisfério
hola	ciao	salut	hello	hallo	olá, oi
invierno (el)	inverno	hiver	winter	Winter	inverno
jueves (el)	giovedì	jeudi	Thursday	Donnerstag	quinta-feira
julio	luglio	juillet	july	Juli	julho
junio	giugno	juin	june	Juni	junho
llamarse	chiamarsi	s'appeler	to be named	heissen	chamar-se
lunes (el)	lunedì	lundi	Monday	Montag	segunda-feira
martes (el)	martedì	mardi	Tuesday	Dienstag	terça-feira
marzo	marzo	mars	march	März	março
mayo	maggio	mai	may	Mai	maio
mes (el)	mese	mois	month	Monat	mês
miércoles (el)	mercoledì	mercredi	Wednesday	Mittwoch	quarta-feira
nacionalidad (la)	nazionalità	nationalité	nationality	Nationalität	nacionalidade
nombre (el)	nome	prénom	name	Name	nome
noviembre	novembre	novembre	november	November	novembro
octubre	ottobre	octobre	october	Oktober	outubro
otoño (el)	autunno	automne	autumn (UK), fall (USA)	Herbst	outono
planeta (el)	pianeta	planète	planet	Planet	planeta
presentarse	presentarsi	se présenter	to introduce one self	vorstellen	apresentar-se
primavera (la)	primavera	printemps	spring	Frühling	primavera
profesor/-a (el, la)	professore	professeur	teacher	Lehrer	professor
sábado (el)	sabato	samedi	Saturday	Samstag	sábado
saludar	salutare	saluer	to greet	grüssen	cumprimentar
semana (la)	settimana	semaine	week	Woche	semana
septiembre	settembre	septembre	september	September	setembro
ser	essere	être	to be	sein	ser
también	anche	aussi	also	auch	também
tener	avere	avoir	to have	haben	ter
verano (el)	estate	été	summer	Sommer	verão
viernes (el)	venerdì	vendredi	Friday	Freitag	sexta-feira
y	e	et	and	und	e

ESPAÑOL	ITALIANO	FRANCÉS	INGLÉS	ALEMÁN	PORTUGUÉS
UNIDAD 2	UNIDAD 2	UNIDAD 2	UNIDAD 2	UNIDAD 2	UNIDAD 2
alumno/a (el, la)	alunno/a	élève	pupil	Schüler	aluno
amarillo/a	giallo/a	jaune	yellow	gelb	amarelo
aprender	imparare	apprendre	to learn	lernen	aprender
aula (el)	aula	salle de classe	classroom	Klassenzimmer	sala de aula
azul	azzurro, blu	bleu/-e	blue	blau	azul
blanco/a	bianco/a	blanc/blanche	white	weiss	branco
bolígrafo (el)	penna a sfera	stylo	pen	Kugelschreiber	caneta
cantar	cantare	chanter	to sing	singen	cantar
casete (el)	cassetta	cassette	cassette	Cassette	fita
clase (la)	lezione	cours	class	Klasse	a aula
color (el)	colore	couleur	colour	Farbe	cor
compás (el)	compasso	compas	compass	Zirkel	compasso
comprender	capire	comprendre	to understand	verstehen	compreender
conjugar	coniugare	conjuguer	to conjugate	konjugieren	conjugar
contestar	rispondere	répondre	to answer	antworten	responder
cuaderno (el)	quaderno	cahier	exercice book	Heft	caderno
describir	descrivere	décrire	to describe	beschreiben	descrever
dibujar	disegnare	dessiner	to draw	zeichnen	desenhar
ejercicio (el)	esercizio	exercice	exercice book	Übung	exercício
escribir	scrivere	écrire	to write	schreiben	escrever
escuchar	ascoltare	écouter	to listen	zuhören	escutar
estuche (el)	astuccio	trousse	case	Futteral	estojo
examen (el)	esame	contrôle	exam	Prüfung	exame
foto (la)	foto	photo	photograph	Aufnahme	foto
goma (la)	gomma	gomme	rubber	Radiergummi	borracha
gris	grigio	gris/-e	grey	grau	cinza
hacer	fare	faire	to do, to make	machen	fazer
lápiz (el)	matita	crayon	pencil	Bleistift	lápis de cor
lección (la)	lezione	leçon	lesson	Lektion	lição
leer	leggere	lire	to read	lesen	ler
libro (el)	libro	livre	book	Buch	livro
mapa (el)	carta geografica	carte	map	Landkarte	mapa
marrón	marrone	marron	brown	braun	marrom
mesa (la)	tavola	table	table	Tisch	mesa
microscopio (el)	microscopio	microscope	microscope	Mikroskop	microscópio
mochila (la)	zaino	sac à dos	rucksack	Rucksack	mochila
naranja	arancia	orange	orange	orange	laranja
negro/a	nero/a	noir/-e	black	schwarz	preto
ordenador (el)	computer	ordinateur	computer	Computer	computador
papelera (la)	cestino	corbeille	waste-paper	Papeirkorb	cesto de lixo
pegamento (el)	colla	colle	glue	Klebstoff	cola
pizarra (la)	lavagna	tableau	blackboard	Schifertafel	quadro negro
poesía (la)	poesia	poésie	poetry	Poesie	poesia
pregunta (la)	domanda	question	cuestion	Frage	pergunta
preguntar	domandare	poser des questions	to question	fragen	perguntar
recitar	recitare	réciter	to recite	rezitieren	recitar
regla (la)	regola	règle	rule	Regel	régua
responder	rispondere	répondre	to answer	antworten	responder
respuesta	riposta	réponse	answer	Antwort	resposta
rojo/a	rosso/a	rouge	red	rot	vermelho
rosa	rosa	rose	pink	rosa	cor de rosa
rotulador (el)	pennarello	feutre	felt-tipped pen	Filzstift	marcador
sacapuntas (el)	temperamatite	taille-crayon	pencil sharpe	Bleistiftanspitzer	apontador
silla (la)	sedia	chaise	chair	Stuhl	cadeira
texto (el)	testo	texte	text	Text	texto
tijeras (las)	forbici	ciseaux	scissors	Schere	tesoura
trabajar	lavorare	travailler	to work	arbeiten	trabalhar
verbo (el)	verbo	verbe	verb	Zeitwort	verbo
verde	verde	vert/-e	green	grün	verde
violeta	viola	violet/-te	violet	violett	lilás, violáceo

ESPAÑOL	ITALIANO	FRANCÉS	INGLÉS	ALEMÁN	PORTUGUÉS
UNIDAD 3	**UNIDAD 3**	**UNIDAD 3**	**UNIDAD 3**	**UNIDAD 3**	**UNIDAD 3**
aburrido/a	noioso/a	ennuyeux/se	boring	langweilig	chateado
acostarse	coricarsi	se coucher	to go to bed	zu Bett gehen	deitar-se
amigo/a (el, la)	amico/a	ami/e	friend	Freund	amigo
asignatura (la)	materia	matière	subject	Lehrfach	matéria
bañarse	bagnarsi	prendre un bain	to take a bath	sich baden	tomar banho
bicicleta (la)	bicicletta	bicyclette	bicycle	Fahrrad	bicicleta
caminar	camminare	marcher	to walk	wandern	caminhar
casa (la)	casa	maison	house	Haus	casa
cenar	cenare	dîner	to have dinner	zu Abend essen	jantar
colegio (el)	scuola elementare	collège	school	Schule	colégio
comer	mangiare	manger	to eat	essen	almoçar
decir	dire	dire	to say	sagen	dizer, falar
deporte (el)	sport	sport	sport	Sport	esporte
desayuno (el)	colazione	petit déjeuner	breakfast	Frühstück	café da manha
despertarse	svegliarsi	se réveiller	to wake up	aufwachen	acordar
dibujo (el)	disegno	dessin	drawing	Zeichnung	desenho
divertido/a	allegro/a, divertente	amusant/-e	funny	lustig	divertido
dormir	dormire	dormir	to sleep	schlafen	dormir
ducharse	farsi la doccia	se doucher	to have a shower	duschen	tomar banho
empezar	iniziare	commencer	to begin	anfangen	começar
estudiar	studiare	étudier	to study	studieren	estudar
fácil	facile	facile	easy	einfach	fácil
geografía (la)	geografia	géographie	geography	Erdkunde	geografia
gustar	piacere	aimer	to like	gefallen	gostar
historia (la)	storia	histoire	story	geschichte	história
hora (la)	ora	heure	hour	Uhr	hora
horario (el)	orario	emploi du temps	timetable	Stundenplan	horário
interesante	interessante	intéressant	interesting	interessant	interessante
instituto (el)	istituto, liceo	lycée/collège	high school	Gymnasium	instituto
ir	andare	aller	to go	gehen	ir
jugar	giocare	jouer	to play	spielen	brincar
lavarse	lavarsi	se laver	to wash	sich waschen	lavar-se
levantarse	alzarsi	se lever	to get up	aufstehen	levantar-se
llegar	arrivare	arriver	to arrive	ankommen	chegar
mañana (la)	domani	matin	morning	Morgen	manhã
merendar	fare merenda	goûter	to have tea	vespern	fazer lanche
música (la)	musica	musique	music	Musik	música
noche (la)	notte	nuit/le soir	night	Nacht	noite
peinarse	pettinarsi	se peigner	to come one's hair	sich kämmen	pentear-se
perro/a (el, la)	cane	chien/-ne	dog	Hund	cachorro
reloj (el)	orologio	montre	clock	Uhr	relógio
salir	uscire	sortir/partir	to leave	herausgehen	sair
semana (la)	settimana	semaine	week	woche	por semana
también	anche	aussi	also, too	auch	também
tarde (la)	pomeriggio	après-midi	afternoon	Nachmittag	à tarde
tomar	prendere	prendre	to take	nehmen	pegar una cosa, beber
útil	utile	utile	useful	nützlich	útil
vestirse	vestirsi	s'habiller	to get dressed	sich anziehen	vestir-se
volver	ritornare	revenir/rentrer	to return	zurückkommen	voltar
UNIDAD 4	**UNIDAD 4**	**UNIDAD 4**	**UNIDAD 4**	**UNIDAD 4**	**UNIDAD 4**
abuelo/a (el, la)	nonno/a	grand-père/mère	grandfather/mother	Grossvater/-mutter	avô (o), avó (a)
actor (el)/actriz (la)	attore/attrice	acteur/actrice	actor	Schauspieler/-in	ator/atriz
animal (el)	animale	animal	animal	Tier	animal
alto/a	alto/a	grand/-e	tall	hoch, gross	alto
bajo/a	basso/a	petit/-e	short	klein, niedrig	baixo
barba (la)	barba	barbe	beard	Bart	barba
bigote (el)	baffo	moustache	moustache	Schnurrbart	bigode
boca (la)	bocca	bouche	mouth	Mund	boca
brazo (el)	braccio	bras	arm	Arm	braço
cabeza (la)	testa	tête	head	Kopf	cabeça
calvo/a	calvo	chauve	bold	kahlköpfig	careca

ESPAÑOL	ITALIANO	FRANCÉS	INGLÉS	ALEMÁN	PORTUGUÉS
cantante (el, la)	cantante	chanteur/se	singer	Sänger/-in	cantor
corto/a	corto/a	court/-e	short	kurz	curto
delgado/a	magro/a	mince	thin	dünn	magro
deportista (el, la)	sportivo	sportif/tive	sportsman	sportler/-in	esportista
familia (la)	famiglia	famille	family	Familie	família
gafas (las)	occhiali	lunettes	glasses	Brille	óculos
gato/a (el, la)	gatto	chat/-te	cat	Katze	gato
gordo/a	grasso/a	gros/-se	fat	dick	gordo
hermano/a (el, la)	fratello/sorella	frère/sœur	brother/sister	Bruder/Schwester	irmão/irmã
hijo/a (el, la)	figlio/a	fils/fille	son/daughter	Sohn/Tochter	filho/a
hombre (el)	uomo	homme	man	Mann	homem
increíble	incredibile	incroyable	incredible	unglaublich	incrível
joven	giovane	jeune	young	jung	jovem
largo/a	lungo/a	long/-ue	long	lang	longo
liso	liscio/a	raides	straight	glatt	liso
llevar	portare	porter	to take	tragen	levar
madre (la)	madre	mère	mother	Mutter	mãe
mano (la)	mano	main	hand	Hand	mão
marido (el)	marito	mari	husband	Ehermann	marido
moreno/a	moro, bruno	brun/-e	dark	dunkelhaarig	moreno
mujer (la)	donna, moglie	femme	woman, wife	Frau, Ehefrau	mulher, esposa
nieto/a (el, la)	nipote	petit-fils/petite-fille	grandson	Enkel	neto
ojo (el)	occhio	œil	eye	Auge	olho
oreja (la)	orecchio	oreille	ear	Ohr	orelha
padre (el)	padre	père	father	Vater	pai
padres (los)	genitori	parents	parents	Eltern	pais
pandilla (la)	gruppo, comitiva	bande (copains)	group	Bande	turma, galera
pie (el)	piede	pied	foot	Fuss	pé
pequeño/a	piccolo/a	petit/e	small	klein	pequeno/a
pelo (el)	capelli, pelo	cheveux	hair	Haar	pelo
persona (la)	persona	personne	person	Person	pessoa
primo/a (el, la)	cugino/a	cousin/-e	cousin	Vetter	primo
rizado/a	arricciato/a	frisé/-e	curly	kraus	enrolado
rubio/a	biondo/a	blond/-e	blond	blond	loiro
sobrino/a (el, la)	nipote	neveu/nièce	nephew	Neffe	sobrinho
Tierra (la)	Terra	Terre	Earth	Erde	Terra
tío/a (el, la)	zio/a	oncle/tante	uncle/aunt	Onkel/Tante	tio
viejo/a	vecchio	vieux/vieille	old	alt	velho/a

UNIDAD 5	UNIDAD 5	UNIDAD 5	UNIDAD 5	UNIDAD 5	UNIDAD 5
abrir	aprire	ouvrir	to open	öffnen	abrir
acuario (el)	acquario	aquarium	aquarium	Aquarium	aquário
agua (el)	acqua	eau	water	Wasser	água
al lado (de)	accanto a	à côté de	beside	neben	ao lado
al principio	al principio di	au début	beginning	am Anfang	a princípio
antílope (el)	antilope	antilope	antelope	Antilope	antílope
árbol (el)	albero	arbre	tree	Baum	árvore
aventura (la)	avventura	aventure	adventure	Abenteuer	aventura
bastante	sufficiente	assez	enough	ziemlich	bastante
bocadillo (el)	panino	sandwich	submarine sandwich	belegtes Brötchen	sanduíche
cabra (la)	capra	chèvre	goat	Ziege	cabra
cebra (la)	zebra	zèbre	zebra	Zebra	zebra
cerca	vicino	près	near	nahe	perto, próximo
ciervo (el)	cervo	cerf	deer	Hirsch	cervo
cocodrilo (el)	coccodrillo	crocodile	crocodile	Krokodil	crocodilo
comprar	comprare	acheter	to buy	kaufen	comprar
concurso (el)	concorso	concours	competition	Wettbewerb	concurso
correr	correre	courir	to run	laufen	correr
cruzar	attraversare	traverser	to cross	durchkreuzen	atravessar
diente (el)	dente	dent	tooth	Zahn	dente
de nada	prego, non c'è diche	de rien	you're welcome	Bitte!	de nada
debajo (de)	sotto	sous	under	unten	debaixo
delante (de)	davanti	devant	in front of	vorn	em frente

ESPAÑOL	ITALIANO	FRANCÉS	INGLÉS	ALEMÁN	PORTUGUÉS
delfín (el)	delfino	dauphin	dolphin	Delphin	delfim
derecha (la)	destra	droite	right	Rechte	direita
después	dopo	après	after	später, danach	depois
detrás (de)	dietro	derrière	behind	hinten	atrás
elefante (el)	elefante	éléphant	elephant	Elefant	elefante
encima (de)	sopra	sur	upon, on	gegenüber	em cima
en frente	di fronte	en face	in front of	oben	de frente
entre	tra	entre	between	zwischen, unter	entre
enviar	inviare	envoyer	to send	senden	enviar
espectáculo (el)	spettacolo	spectacle	show	Schauspiel	espetáculo
fin de semana (el)	fine settimana	week-end	week-end	Wochenende	fim de semana
genial	geniale	génial	genial	genial	genial
girar	girare	tourner	to turn	abbiegen	girar
gorila (el)	gorilla	gorille	gorilla	Gorilla	gorila
granja (la)	fattoria	ferme	farm	Farm	granja
guía (el, la)	guida	guide	guide	Führer	guia
hierba (la)	erba	herbe	grass	Gras	erva
hipopótamo (el)	ippopotamo	hippopotame	hippopotamus	Flusspferd	hipopótamo
impresionante	impressionante	impressionnant	impressive	erstaunlich	impressionante
ir	andare	aller	to go	gehen	ir
izquierda (la)	sinistra	gauche	left	Links	esquerda
jirafa (la)	giraffa	girafe	giraffe	Giraffe	girafa
leche (la)	latte	lait	milk	Milch	leite
lejos	lontano	loin	far	weit	longe
león (el)/leona (la)	leone	lion/-ne	lion	Löwe	leão
llegar	arrivare	arriver	to arrive	ankommen	chegar
lobo/a (el, la)	lupo	loup/louve	wolf	Wolf	lobo
luego	dopo, subito	ensuite	later	nachher	logo, depois
medir	misurare	mesurer	to measure	messen	medir
mono/a (el, la)	scimmia	singe/guenon	monkey	Affe	macaco
mucho/a	molto/a	beaucoup	much	viel, sehr	muito
naturaleza (la)	natura	nature	nature	Natur	natureza
oso/a (el, la)	orso	ours/-e	bear	Bär	urso
pan (el)	pane	pain	bread	Brot	pão
parque (el)	parco	parc	park	Park	parque
playa (la)	spiaggia	plage	beach	Strand	praia
poner	mettere	mettre	to put	legen	pôr
pueblo (el)	paese	village	village	Dorf	povoado
pronto	presto, subito	tôt	soon	bald	rápido
próxima vez (la)	prossima volta	la prochaine fois	next time	nächste Mal	próxima vez
puente (el)	ponte	pont	bridge	Brücke	ponte
recortar	ritagliare	découper	to cut out	beschneiden	recortar
reno (el)	renna	renne	reindeer	Ren	rena
resumir	riassumere	résumer	to resume	auszugen	resumir
revista (la)	rivista	magazine	magazine	Magazin	revista
romper	rompere	casser	to break	brechen	romper
rinoceronte (el)	rinoceronte	rhinocéros	rhinoceros	Nashorn	rinoceronte
sacar fotos	scattare una fotografia	prendre des photos	take a picture	photographieren	tirar fotos
seguir recto	andare sempre dritto	continuer tout droit	to go straight	geradeaus gehen	sempre reto, em frente
suerte (la)	fortuna	chance	luck	Glück	sorte
también	anche	aussi	also	auch	também
tiburón (el)	squalo	requin	shark	Hai (fisch)	tubarão
tigre (el)	tigre	tigre	tiger	Tiger	tigre
ver	vedere	voir	to see	sehen	ver
viaje (el)	viaggio	voyage	trip	Reise	viagem
vida (la)	vita	vie	life	Leben	vida
volar	volare	voler	to fly	fliegen	voar

UNIDAD 6	UNIDAD 6	UNIDAD 6	UNIDAD 6	UNIDAD 6	UNIDAD 6
afectuoso/a	affettuoso/a	affectueux/se	affectionate	herzlich	afetuoso
alegre	allegro	joyeux/se	happy	fröhlich	alegre
apasionado/a	appassionato/a	passionné/-e	passionate	leidenschaftlich	apaixonado
bailar	ballare	danser	to dance	tanzen	dançar
baloncesto (el)	pallacanestro	basket	basketball	Basketball	basquete

ESPAÑOL	ITALIANO	FRANCÉS	INGLÉS	ALEMÁN	PORTUGUÉS
bocadillo (el)	panino	sandwich	sandwich	Butterbrot	sanduíche
cansado/a	stanco/a	fatigué/-e	tired	müde	cansado
cara (la)	faccia, viso	visage	face	Gesicht	rosto
cariñoso/a	affettuoso/a	tendre	loving	liebevoll	carinhoso
cerrar	chiudere	fermer	to close	schliessen	fechar
contento/a	contento/a	content/-e	happy	zufrieden	contente
cuidado	attenzione	attention	attention	Achtung	cuidado
deberes (los)	compito	devoirs	homework	Hausaufgaben	tarefas, deveres
descansar	riposare	se reposer	to have a rest	ruhen	descansar
educado/a	educato/a	poli/-e	polite	gut erzeugen	educado
egoísta	egoista	égoïste	egoist	egoistich	egoísta
enamorado/a	innamorato/a	amoureux/-se	to be in love	verliebt	apaixonado
enfadado/a	arrabbiato/a	en colère, fâché	to be angry	böse	enojado
envidioso/a	invidioso/a	jaloux/se	envious	neidisch	envejozo
esperar	aspettare	attendre	to wait	warten	esperar
estudioso/a	studioso/a	studieux/-se	studious	fleissig	estudioso
generoso/a	generoso/a	généreux/-se	generous	grosszügig	generoso
gracioso/a	grazioso/a	marrant	funny	witzig	engraçado
guapo/a	bello/a	mignon/-ne	handsome, pretty	hübsch	bonito
hablador/-a	chiacchierone/a	bavard	talkative	sprechend	falador
inteligente	intelligente	intelligent/-e	intelligent	inteligent	inteligente
llorar	piangere	pleurer	to cry	weinen	chorar
ordenado/a	ordinato/a	ordonné/-e	tidy	ordentlich	ordenado
orgulloso/a	orgoglioso/a	orgueilleux/se	proud	stolz	orgulhoso
ovalado/a	ovale	ovale	oval	oval	ovalado
perezoso/a	pigro/a	paresseux/se	lazy	faul	preguiçoso
puerta (la)	porta	porte	door	Für	porta
refresco (el)	bibita	boisson rafraîchissante	soft drink	kaltes Getränk	refrigerante
reservado/a	riservato/a	réservé/-e	reserved	schüchtern	reservado
romántico/a	romantico/a	romantique	romantic	romantisch	romântico
simpático/a	simpatico/a	sympathique	nice	sympathisch	simpático
sociable	socievole	sociable	sociable	gesellig	sociável
tímido/a	timido/a	timide	shy	furchtsam	timide
trabajador/-a	lavoratore/lavoratrice	travailleur/se	hardworking	arbeitsam	trabalhador
triangular	triangolare	triangulaire	triangular	dreiecking	triangular
vago/a	pigro, fannullone	paresseux/se	lazy	faul	preguiçoso
ventana (la)	finestra	fenêtre	window	Fenster	janela

UNIDAD 7	UNIDAD 7	UNIDAD 7	UNIDAD 7	UNIDAD 7	UNIDAD 7
a menudo	di frequente, spesso	souvent	often	oft	amiúde
balón (el)	pallone	ballon	ball	Ball	balão
bañarse	farsi il bagno	se baigner	to take a bath	sich baden	tomar banho
cartas (las)	carte	cartes	cards	Karten	cartas
casi nunca	quasi mai	presque jamais	hardly ever	fat nie	quase nunca
ciclismo (el)	ciclismo	cyclisme	cycling	Radsport	ciclismo
coleccionar	collezionare	collectionner	to collect	sammeln	colecionar
de vez en cuando	di tanto in tanto	parfois	from time to time	manchmal	de vez em quando
detestar	detestare	détester	to detest	verabscheuen	detestar
equitación (la)	equitazione	équitation	horsemanship	Reitkunst	equitação
fiesta (la)	festa	fête	celebration	Fest	festa
frecuencia (la)	frequenza	fréquence	frequency	Häufigkeit	frequência
guitarra (la)	chitarra	guitare	guitar	Gitarre	violão
mar (el)	mare	mer	sea	Meer	mar
monopatín (el)	monopattino	skate	skateboard	Skateboard	patinete
nadar	nuotare	nager	to swim	schwimmen	nadar
nunca	mai	jamais	never	nie, niemals	nunca
ocio (el)	ozio, riposo	loisirs	leisure	Freizeit	ócio
patinaje (el)	pattinaggio	patinage	skating	Aschlittschuh	patinação
patinar	pattinare	patiner	to skate	schlittschuh laufen	patinar
partido (el) (fútbol)	partita	match	match	Spiel	jogo
película (la)	film	film	movie	Film	filme
pelota (la)	palla	ballon	ball	Ball	bola
pintar	dipingere	peindre	to paint	malen	pintar
piscina (la)	piscina	piscine	swimming pool	Schwimmbad	piscina

ESPAÑOL	ITALIANO	FRANCÉS	INGLÉS	ALEMÁN	PORTUGUÉS
sello (el)	francobollo	timbre	stamp	Briefmarke	selo
siempre	sempre	toujours	always	immer	sempre
tenis (el)	tennis	tennis	tennis	Tennis	tênis
tiempo libre (el)	tempo libero	temps libre	free time	Freizeit	tempo livre
tocar la guitarra	suonare la chitarra	jouer de la guitare	to play the guitar	spielen Gitarre	tocar violão
todos los días	tutti i giorni	tous les jours	every day	jaden Tag, Täglish	todos os dias
videojuego (el)	videogioco	jeu vidéo	videogame	Videospiel	video-game
voleibol (el)	pallavolo	volley-ball	volleyball	Volley ball	vôlei
yudo (el)	judo	judo	judo	Yudo	judô

UNIDAD 8	UNIDAD 8	UNIDAD 8	UNIDAD 8	UNIDAD 8	UNIDAD 8
alrededor	intorno	autour	around	umgebung	ao redor
bosque (el)	bosco	bois	wood, forest	Wald	bosque
burro/a (el, la)	asino	âne/ânesse	donkey	Esel	burro
caballo (el)/yegua (la)	cavallo	cheval/jument	horse	Pferd	cavalo
caminar	camminare	marcher	to walk	wandern	caminhar
carro (el)	carro	charrette	carriage	Karren	chaterre
cielo (el)	cielo	ciel	sky	Himmel	céu
cerdo/a (el, la)	porco	cochon/truie	pig	Schwein	pouco
coche (el)	automobile	voiture	car	Auto	carro
excursión (la)	escursione, gita	randonnée	trip	Ausflug	excursão
gallo (el)/gallina (la)	gallo	coq/poule	cock	Hahn	galo
junto/a	unito, vicino	près de	close to	nahe	junto
lago (el)	lago	lac	lake	See	lago
leche (la)	latte	lait	milk	Milch	leite
merienda (la)	merenda	goûter	to have for tea	Vesperbrot	lanche
montaña (la)	montagna	montagne	mountain	Berg	montanha
nube (la)	nuvola	nuage	cloud	Wolke	nuvem
oca (la)	oca	oie	goose	Gans	gansa
oveja (la)	pecora	mouton	sheep/ewe	Schaf	ovelha
paisaje (el)	paesaggio	paysage	lanscape	Landschaft	paisagem
pesca (la)	pesca	pêche	fishing	Fischfang	pesca
pescar	pescare	pêcher	to fish	fischen	pescar
piragüismo (el)	canottaggio	canoë - kayak	canoeing	Kanusport	canoagem
prado (el)	prato	pré	meadow	Wiese	prado
pueblo (el)	paese	village	village	Dorf	povo, povoado
región (la)	regione	région	region	Region	região
río (el)	fiume	rivière	river	Fluss	rio
senderismo (el)	trekking, escursionismo	randonnée	trekking	Wandern	fazer trilha
sitio (el)	posto	endroit, lieu	place	Ort	lugar
sol (el)	sole	soleil	sun	Sonne	sol
tomar el sol	prendere il sole	se faire bronzer	to sunbathe	sich sonnen	tomar sol
vaca (la)	mucca	vache	cow	Kuh	vaca
vacaciones (las)	vacanze	vacances	holidays	Urlaub, Ferien	férias